COURS

DE

MUSIQUE VOCALE.

RÉSUMÉ

DES LEÇONS

DU

COURS DE MUSIQUE VOCALE

DE

Pascal Talabardon.

PREMIÈRE PARTIE.

TOURS,

A^{D} MAME ET CIE, IMPRIMEURS-LIBRAIRES.

1838.

A MES ÉLÈVES.

C'est à vous seuls, MES CHERS ÉLÈVES, que ce livre s'adresse; c'est un résumé des leçons que je vous expliquerai oralement, et dont ceci n'est que la substance intime.

Je ne devais donc pas développer ici un sujet qui, considéré sous un point de vue philosophique, comme nous le traiterons ensemble, fournirait une mine presque vierge et toujours inépuisable. Je ne devais pas non plus entrer dans les détails historiques, bien curieux, bien intéressants, sans doute, mais qui auraient pu nuire à mon but, et ce but le voici : *Faire de vous des Musiciens, pour lesquels la théorie sera le guide d'une pratique sûre et raisonnée.*

Mais pour parvenir à ce point, MES CHERS ÉLÈVES, deux choses sont essentielles, indispensables : *Attention continuelle à mes développements, travail journalier après ma leçon.* Pour que cette attention ne soit pas inutile, pour que votre travail rapporte des fruits, permettez-moi de vous donner les conseils de l'expérience.

Si mes explications du Cours ne vous ont pas satisfait, dites-le moi aussitôt franchement; je ferai alors mon possible pour vous présenter d'une manière différente la règle que je vous aurai posée. Si vous le préférez, restez après la classe, et dites-moi ce qui vous arrête; car rappelez-vous bien que mes leçons se lient entre elles, et si la première n'est pas comprise, la seconde ne sera probablement pour vous que ténèbres et obscurité.

En classe on apprend à travailler : *le travail véritable, c'est l'action de réfléchir en soi-même, de se replier sur des sujets précédemment exposés*; c'est ce que je réclame de vous. Une heure à une heure et demie par jour, pendant toute la durée du Cours, voilà ce que je vous demande pour vous conduire au point où vos connaissances musicales vous feront déjà remarquer. Approfondissez la leçon développée la veille, et celles vues depuis le commencement du Cours. Mais gardez-vous bien d'ouvrir votre livre à la page non encore expliquée. Par cette lecture imprudente et inconsidérée, votre esprit se créerait des difficultés chimériques; chez vous naîtrait alors la crainte de ne pas comprendre ce qui plus tard ne sera qu'un jeu, et peut-être le dégoût d'un Art, source de pures et douces jouissances, succéderait-il à cette crainte.

Je vous fais encore une prière, et celle-ci m'est personnelle : mon avenir de Professeur est, en quelque sorte, en vos mains. Qu'importe au public des connaissances spéciales et une méthode d'enseignement claire et raisonnée?... Il veut, et en cela il a grandement raison, il veut des faits, des preuves palpables; pour moi ces faits, ces preuves palpables, ce sont des Élèves instruits, de bons musiciens sortis de mon École.

Si donc votre travail ne vient pas féconder mes soins et mes efforts, si ma voix s'en va vainement frapper votre oreille sans que vous lui ouvriez les portes de votre entendement, que dirait le public de mes leçons infructueuses ? Et moi, je subirais les funestes conséquences de votre inapplication !....

Mais non, il n'en sera pas ainsi ; vous marcherez sur les traces des Elèves qui ont bien voulu recevoir mes instructions, à mon arrivée dans votre belle ville. Je suis donc tranquille de ce côté, et certain que les Élèves ne manqueront pas à leur Professeur, pas plus que le Professeur ne manquera à ses Élèves.

PREMIÈRE PARTIE.

PREMIÈRE LEÇON.

La MUSIQUE est *l'art d'émouvoir par la combinaison méthodique des sons.* C'est, pour ainsi dire, le langage des sons. Musique.

La Musique est aussi une *science;* mais alors elle dépend des mathématiques, et s'étudie, en physique, sous le nom d'*Acoustique.*

L'ORIGINE DE LA MUSIQUE se perd dans la nuit des temps. La *musique vocale*, ou le *chant,* a dû précéder la *musique instrumentale*, celle produite par les *instruments.* C'est dans la Genèse (IV. 21) que l'on trouve les premières traces de cette dernière. Lorsque Moïse énumère la postérité de Caïn, il dit que Jubal fut le père de ceux qui jouent du kinnor et du hagub, instruments sur la nature desquels il n'y a rien de certain. Son origine.

Puisque la Musique est produite par une combinaison de sons, il nous faut connaître quelle est la nature de ceux-ci. *Tout ce que notre oreille perçoit est un* SON. Son.

« Le son naît, dit l'abbé Haüy, d'un mouvement vibratoire imprimé par la percussion, ou de toute autre manière, aux molécules d'un corps. Prenons pour exemple une corde d'instrument que l'on pince; à l'instant tous les points de cette corde s'éloignent Sa génération.

plus ou moins de la position qu'ils avaient lorsque la corde était en repos..., et la corde entière va et revient sur elle-même, en deçà et au-delà de sa première situation, par un mouvement de vibration qui provient de son élasticité. Les molécules d'air contigües aux différents points de la corde prennent des mouvements semblables à ceux de ces points ; elles vont et reviennent avec eux. Chaque molécule communique son mouvement à celle qui est derrière, celle-ci à une troisième, et ainsi de suite, jusqu'aux molécules qui sont en contact avec le tympan de l'oreille. L'air agit à son tour sur cette membrane, en lui communiquant ses vibrations qu'elle transmet au nerf auditif, et de là résulte la sensation du son. (Physique, I, 333.)

Son musical. Mais, en Musique, le son n'est considéré comme tel qu'autant qu'il peut être reproduit ou imité par la voix ou un instrument; on l'appelle alors SON MUSICAL.

Bruit. Quand il ne peut être ni reproduit, ni imité par la voix ou un instrument, le son n'est plus qu'un BRUIT pour le musicien.

Son grave. Un son produit par un petit nombre de vibrations se nomme SON GRAVE. Le son le plus grave qui puisse être perçu est produit par trente-deux vibrations par seconde.

Son aigu. Un son produit par un grand nombre de vibrations s'appelle SON AIGU. L'oreille peut encore le percevoir quand le nombre des vibrations est de dix à douze mille par seconde.

Sons du médium. On désigne par SONS DU MÉDIUM les sons intermédiaires entre ceux graves et ceux aigus.

Les sons peuvent être entendus successivement ou simultanément. De là, la Musique se divise en deux parties, la Mélodie et l'Harmonie.

On nomme MÉLODIE la partie de la Musique qui traite des sons entendus successivement. Mélodie.

La partie de la musique qui traite des sons entendus simultanément se nomme HARMONIE. Harmonie.

Pour nous, cette division ne sera pas rigoureuse, car, tout en approfondissant les règles de la Mélodie, nous effleurerons celles de l'Harmonie, en traitant les modulations et les accords les plus usités.

Pour écrire les sons, on emploie, en Musique, des signes de diverses formes que l'on appelle NOTES (1). Notes.

Elles sont au nombre de sept : UT, RÉ, MI, FA, SOL, LA et SI. Ce sont les lettres de l'alphabet musical.

La GAMME est formée par l'ensemble des sept notes, ou mieux des sept sons qu'elles représentent, auxquelles on ajoute un huitième signe qui n'est que la répétition du premier, et qui devient le commencement d'une nouvelle série (2). Gamme.

On écrit les notes sur et entre cinq lignes horizontales dont l'ensemble se nomme PORTÉE MUSICALE, ou simplement PORTÉE. (2.) Portée musicale.

Nous donnerons aux lignes le nom de BARREAUX NOIRS ; (2). Barreaux noirs.

Et aux quatre interlignes qu'elles laissent entre elles, celui de BARREAUX BLANCS. (2.) Barreaux blancs.

Les uns et les autres se comptent en commençant par le bas.

Quand les sons à écrire dépassent, soit au-dessus, soit au-dessous, les cinq lignes de la portée, on emploie des petites lignes que nous appellerons BARREAUX SUPPLÉMENTAIRES. (2.) Barreaux supplémentaires.

---

(1) Les chiffres arabes entre parenthèses, renvoient aux exemples dans le cahier de planches et de formules. Celles-ci sont désignées par un chiffre romain.

Plus les sons sont graves, plus ils sont écrits bas sur la portée; et plus ils sont aigus, plus ils occupent une position élevée.

DEUXIÈME LEÇON.

Tonique.

On nomme TONIQUE le premier son de toute gamme.

Ses propriétés.

Ses PROPRIÉTÉS sont : 1° d'indiquer le degré d'élévation ou point de départ de la gamme dans l'échelle générale des sons; 2° de marquer un repos parfait; 3° Enfin de donner son nom à la gamme dont elle est le principal son.

Chacun des autres sons de la gamme a aussi un nom propre, une place fixe et une propriété particulière.

Tonalité.

L'ensemble des propriétés particulières à chaque son de la gamme, et la tendance générale de ces sons à venir se reposer sur la tonique, c'est ce qu'on nomme TONALITÉ. C'est la *tonalité* qui nous servira de guide dans nos leçons; et, si nous pouvons nous en pénétrer, la Musique sera pour nous une étude bien moins longue et bien moins difficile.

Formules.

Ceci expliqué, passons à notre FORMULE I; j'appelle ainsi des chants simples où l'exemple est uni au précepte, pour que celui-ci reste gravé dans la mémoire. Mais avant de la chanter, faisons nos observations sur cette formule.

Analyse de la formule de Tonique.

Le premier signe à gauche se nomme CLEF. Il y a trois clefs, CLEF DE FA, CLEF D'UT, CLEF DE SOL. (3.) Toute clef donne son nom à la note qui se trouve sur le même barreau qu'elle. C'est de là que leur vient leur nom, puisqu'elles servent à faire connaître celui des notes qui change suivant la clef. Clefs.

Les clefs se mettent toujours sur des barreaux noirs et jamais sur des barreaux blancs ; jamais non plus sur des barreaux supplémentaires. La *clef d'ut* se pose sur trois barreaux différents, comme nous le verrons. Place des clefs.

La clef qui est au commencement de notre formule se nomme CLEF DE SOL DEUXIÈME LIGNE. Dans la musique moderne, cette clef ne se place plus que sur le second barreau noir, mais dans la musique ancienne, on la rencontrerait sur le premier. Connaissant, par le moyen de la clef, où se trouve le *sol*, il nous est facile de trouver le nom de toutes les autres notes. Clef de sol, 2me ligne.

Tout morceau de musique se divise en parties d'égale durée que l'on nomme MESURES. Mesure.

Ces parties sont renfermées entre des barres verticales appelées BARRES DE MESURE. Barres de mesure.

La mesure se marque, après la clef, par des chiffres ou des signes que nous connaîtrons peu à peu. Indication de la mesure.

La mesure indiquée pour la formule I est la MESURE EN DEUX-QUATRE. Nous saurons, plus tard, pourquoi elle a été ainsi nommée. Mesure en deux-quatre.

Une difficulté se présente sans doute à votre esprit. Vous savez bien que l'ensemble des notes composant une mesure doit avoir une durée égale à celle d'une autre mesure, mais quelle valeur donner à chaque note prise séparément? Pour lever cette difficulté, je vous apprendrai que les notes jouent un double rôle.

Notes, Signes d'intonation,

Les notes, par leur position plus ou moins élevée sur la portée sont des SIGNES D'INTONATION, c'est-à-dire qu'elles indiquent quel son il faut émettre.

Et signes de durée.

Et par leur figure et leur forme, elles sont des SIGNES DE DURÉE, en ce quelles marquent combien le son doit se prolonger.

Noire, unités de temps, BA.

Dans ce cas-ci, chaque note, que l'on nomme NOIRE, est une UNITÉ DE TEMPS. Nous rappellerons cette unité pour la syllabe BA.

L'unité est arbitraire.

L'unité est arbitraire, c'est-à-dire qu'elle peut être prise dans un mouvement lent ou vif, mais il faut qu'il soit régulier.

Battre l'unité.

Nous *battrons l'unité* par deux mouvements réguliers de la main, *frappant* pour le commencement de l'unité, et *levant* à la moitié. Cela nous préparera à battre la mesure avec exactitude.

Composition de la mesure à $\frac{2}{4}$.

La mesure à deux-quatre contient deux unités, ou leur valeur, car une unité peut se diviser en plusieurs parties, ou plusieurs unités peuvent se combiner ensemble.

Première et dernière mesures souvent incomplètes.

Mais puisque la mesure en $\frac{2}{4}$ renferme deux unités, pourquoi, dans notre formule, la première mesure et la dernière n'en ont-elles qu'une?... C'est que chacune d'elles est incomplète. Cela arrive fort souvent, mais il faut alors que les deux fragments réunis forment une mesure entière, ce qui a bien lieu ici.

La tonique est UT quand il n'y a ni (♯),

Toutes les fois que la clef ne sera suivie ni d'un dièse (♯), *ni d'un bémol* (♭) *la* TONIQUE *sera* UT. Et si nous nous rappelons les propriétés de la tonique, nous verrons : 1.° Que, dans l'échelle générale des sons on a pris l'*ut* pour point de départ de la gamme : 2.° Que nous viendrons nécessairement nous reposer et finir sur l'*ut*; 3.° Que le premier son de la gamme est un *ut*, le second un *ré*, etc.

ni (*b*) à la clef.

Ceci bien compris, étudions la formule des quatre manières suivantes :

Solfier.

1.° En SOLFIANT, c'est-à-dire en donnant leur nom aux notes, *ut*, *ré*, *mi*, etc.

Syllabes iconochrones.

2° En appliquant à l'unité sa syllable BA. Les divisions de l'unité auront aussi les leurs, et nous donnerons à ce système le nom de SYLLABES ICONOCHRONES ;

Vocaliser.

3.° En VOCALISANT, c'est-à-dire en chantant sur une voyelle. On choisit de préférence l'A, comme plus favorable à l'émission du son. Il faut avoir soin de ne pas le faire précéder d'un *h*, *ha*, et veiller à ce qu'il ne se change pas en *o*, *ho* (1) ;

Chanter.

4.° Enfin, en mettant les paroles de la formule, ce qui est plus spécialement CHANTER.

C'est ainsi que nous étudierons toutes les formules et tous les morceaux.

---

(1) M. Henri Heugel avait eu l'obligeance de m'autoriser à me servir de ses syllables, et même à les faire imprimer. Par motif d'euphonie, et pour ouvrir le chemin à la vocalisation, j'ai préféré le son A au son O qu'il emploie pour l'unité. Je m'empresse donc, quoique mes syllables diffèrent des siennes, de reconnaître que le système lui appartient en entier.

TROISIÈME LEÇON.

Intervalle. On nomme INTERVALLE la distance d'un son à un autre.

Intervalle conjoint. L'INTERVALLE est CONJOINT, quand les sons se succèdent dans l'ordre naturel de la gamme, comme dans tous les exercices que nous avons faits jusqu'à ce jour.

Seconde. L'Intervalle qui se trouve alors entre chaque son est appelé SECONDE. Nous n'avons étudié jusqu'à présent que l'*intervalle de seconde.*

Intervalle disjoint. L'INTERVALLE est DISJOINT, quand les sons ne se suivent pas dans l'ordre naturel de la gamme et ne procèdent pas par seconde.

Analyse de la formule de Dominante.

La formule II a pour but de nous faire connaître le son de la gamme le plus remarquable après la tonique.

Dominante. C'est la DOMINANTE, le cinquième son de la gamme. On l'appelle ainsi, parce qu'il a un effet remarquable et facile à saisir; et ensuite, parce que, faisant partie d'un grand nombre d'accords, il est reproduit plus souvent que tout autre dans le cours d'un morceau.

La dominante indique un *repos secondaire*, c'est-à-dire moins fort que celui de la tonique. Sa propriété.

Elle est éloignée de la tonique d'un intervalle appelé QUINTE. Quinte.

Faisons l'examen de cette formule. Dans le premier signe nous reconnaissons la clef de sol 2me ligne.

Le signe qui vient ensuite (#) se nomme DIÈSE, Dièse (#).

Sa propriété est d'élever, dons une certaine proportion, l'intonation de la note qui en est précédée, et d'en changer la propriété, comme nous le verrons plus tard. Sa propriété.

Quand un dièse se trouve, comme ici, près de la clef, sa puissance se fait sentir sur toutes les notes du morceau qui ont le même nom que celle *dièsée*, quelque place qu'elles occupent, à moins qu'il ne vienne un autre signe que nous verrons en son temps. Son effet.

Nous connaissons la mesure de cette formule, celle en deux-quatre. La première mesure est bien composée de deux unités, mais la seconde renferme une unité et deux signes dont la forme nous est inconnue.

Ce sont des MOITIÉS de l'UNITÉ. Nous nommerons la première BÉ, et la seconde BI. La première est *forte*, c'est-à-dire qu'il faut appuyer davantage sur elle que sur la seconde qui est *faible*. Moitiés de l'unité, BÉ, BI.

Ces moitiés se nomment CROCHES, à cause du petit crochet qui les distingue de l'unité, la *noire*. Croches.

Je vous ai dit que plusieurs unités pouvaient se combiner ensemble; cela a lieu ici, à la cinquième et à la dixième mesure. Dans ce cas, c'est Unité double.

Blanche. l'UNITÉ DOUBLE, que l'on nomme BLANCHE, Nous l'appellerons BA-A, et nous frapperons et lèverons deux fois pendant sa durée.

Sa valeur. Il nous est facile de voir que la blanche vaut deux unités, ou quatre demies, c'est-à-dire deux noires, ou quatre croches.

Unité de mesure. Nous appellerons UNITÉ DE MESURE la note qui à elle seule remplira toute la mesure. Dans la mesure en deux quatre, c'est la *blanche*.

Mais lorsque nous emploierons le mot *unité* seul, il faudra entendre l'unité par excellence, celle de temps.

Tonique SOL. Quand la clef est suivie d'un seul dièse (*fa*) la TONIQUE se nomme SOL.

Quarts d'unité. Nous avons vu l'unité se partager en deux moitiés. Chacune de ces moitiés se subdivise aussi en deux autres moitiés qui sont des QUARTS D'UNITÉ.

Demi-croches. Ils sont représentés par des DEMI-CROCHES. Les deux premières s'appelleront BÉ, FÉ, et les deux autres BI, FI.

Récapitulons toutes ces divisions de l'unité dans le tableau (4), et appliquons-les dans l'exercice (5).

QUATRIÈME LEÇON.

Médiante. La formule III a pour but de faire connaître le son de la gamme le plus remarquable après la tonique et la dominante, c'est-à-dire la MÉDIANTE, qui en est le troisième son.

Sa propriété. *Sa propriété* est d'indiquer un *repos tertiaire*, moins fort que celui de la dominante, repos secondaire.

La Médiante est éloignée de la tonique et de la dominante d'un intervalle appelé TIERCE, et c'est sa position qui lui a valu son nom. Tierce.

Analyse de la formule de Médiante.

La clef de cette formule nous est connue. Le signe qui la suit est un BÉMOL. Sa propriété, opposée à celle du dièse, est de baisser l'intonation de la note qui en est affectée dans une certaine proportion, et, comme lui, d'en changer la propriété. Bémol (♭). Sa propriété.

Quand un ou plusieurs bémols se trouvent après la clef, leur puissance se fait sentir sur toutes les notes du morceau qui ont le même nom que celles BÉMOLISÉES, à moins qu'il ne paraisse un autre signe que je vais vous faire connaître. Son effet.

Il se nomme BÉCARRE. Il a pour *propriété* de détruire l'effet d'un dièse ou d'un bémol, en rétablissant l'intonation de la note dans son état naturel, mais il n'agit que pendant la durée d'une mesure, à moins qu'il ne soit placé à la clef. Bécarre ♮. Sa propriété.

La mesure de cette formule est celle en deux quatre, et nous la connaissons.

Lorsque la clef est suivie d'un seul bémol (*si*), la TONIQUE est FA. La note qui commence la formule est donc la tonique; puis après elle, une tierce au-dessus, la médiante *la*. Tonique FA.

En musique, il y a des signes qui indiquent quand il faut chanter ou jouer, ce sont les *notes;* comme nous le savons, elles ont des valeurs diverses, ronde, blanche, etc. Mais il y a aussi des signes Silences.

pour se taire ; on les nomme SILENCES. Ces repos ont des valeurs correspondantes aux notes dont ils tiennent la place. Dans le cahier de planches (6), nous trouverons un tableau des *silences* avec quelques figures de notes que nous ne connaissons pas, mais que nous rencontrerons bientôt.

Demi-soupir.

Ce tableau nous fait connaître un signe plusieurs fois répété dans la formule III ; c'est le DEMI-SOUPIR ; il a la même valeur que la croche, par conséquent il a celle d'une demi-unité.

Il n'y a pas de syllabes iconochrones pour les silences ; nous nous servirons pour eux de la syllabe UN' plus ou moins prolongée. Appliquons cela à l'exercice (7).

Nuances.

Tous les sons exprimés ne doivent pas avoir un égal degré de force. Pour répandre un peu de variété sur le petit nombre de ceux qui composent la gamme, il faut les dire avec mille NUANCES différentes qui donnent au morceau une figure variée, suivant l'idée du compositeur ou de l'exécutant. C'est là ce qui distingue le chanteur ou l'instrumentiste parfait. Eux seuls, par la variété d'expression donnée à leurs accens, peuvent atteindre le but de la Musique, *toucher* et *émouvoir*, si à cela ils joignent une mesure toujours correcte et une intonation irréprochable.

On indique les nuances des sons par divers signes et plusieurs mots italiens. Le tableau suivant contient les plus usités.

MOTS ITALIENS.	ABRÉVIATION.	SIGNIFICATION.
Affettuoso,		Doux et affectueux.
Calando,	Cal.	En diminuant le son et le mouvement.
Con anima,		Avec âme.
Con calore,		Avec chaleur.
Con delicatezza,		Avec délicatesse.
Con forza,		Avec force.
Con fuoco,		Avec feu.
Con grazia,		Avec grâce.
Con gusto,		Avec goût.
Con spirito,		Avec esprit.
Crescendo,	Cres. <	En augmentant le son.
Decrescendo,	Decres. >	En diminuant le son.
Diminuando,	Dim. >	
Dolce,	Dol.	Doux.
Estinto,	Estin.	En éteignant le son.
Espressivo,	Espr.	Avec expression.
Forte,	F.	Fort.
Fortissimo,	FF.	Très-fort.
Leggiero,		Léger.
Mezzo forte,	mf.	A mi-fort.
Mezzo voce,		A mi-voix.
Morendo,		En laissant le son s'éteindre.
Perdendosi,		En se perdant.
Piano,	p.	Doux.
Pianissimo,	pp.	Très-doux.
Rinforzando,	Rinf. <	En renforçant le son.
Sforzando,	sf Λ	En renforçant subitement le son.
Smorzando,		En s'éteignant.
Sotto voce,		A mi-voix.

Filer un son. La réunion du *cres.* et du *decres.* forme le signe suivant <> qui indique que le son doit être pris *pp*, arriver au *f*, par des nuances insensibles, puis revenir de la même manière au *pp*. On nomme cela Filer un son. C'est le meilleur et le premier exercice de chant pour *poser la voix*. Il faut le faire souvent, mais peu long-temps de suite, sur les notes du médium de la voix.

Da capo. Les lettres D. C., abréviatives de Da capo, indiquent qu'il faut revenir au commencement du morceau, et continuer jusqu'à ce qu'on trouve le mot Fin.

Barre de reprise. Ce mot est toujours placé sur une Barre de reprise. On nomme ainsi une double barre verticale qui indique les grandes divisions d'un morceau.

Renvoi. Le signe qui est au-dessus de la première barre de mesure est un Renvoi. Il marque que c'est à cet endroit qu'il faut recommencer, ce qu'indiquent les lettres D. C., comme nous venons de l'apprendre.

Vous voyez que cette formule III nous a fourni matière à de nombreuses observations.

CINQUIÈME LEÇON.

Accords. Certains sons entendus simultanément, ou même en se succédant d'une certaine manière, forment un tout harmonieux et agréable que l'on nomme Accord.

L'étude des accords est du domaine de l'Harmonie, aussi ne nous occuperons-nous que des principaux.

Les accords se composent de tierces superposées: la tierce est donc la base de l'Harmonie qui est l'étude des accords. Leur composition.

La note la plus grave d'un accord se nomme NOTE FONDAMENTALE ou SON GÉNÉRATEUR. Elle donne à l'accord son nom et celui de sa propriété. Note fondamentale, ou Son générateur.

Analyse de la formule de l'Accord de tonique.

La formule IV, que nous allons étudier, a pour but de nous rappeler l'ACCORD DE TONIQUE, c'est-à-dire celui dont la tonique est la note fondamentale. Il se compose de la tonique, de la médiante et de la dominante. Il y a donc une tierce entre chacun des sons et une quinte entre les extrémités. Accord de tonique.

L'accord de tonique se nomme aussi un ACCORD PARFAIT, parce qu'étant formé des trois sons de la gamme indiquant le repos, il en marque un ne laissant rien à désirer. Accord parfait.

Il n'en est pas de même des autres accords; ils veulent être suivis d'un ou de plusieurs autres, et pour cela on les appelle ACCORDS SUSPENSIFS. Accords suspensifs.

Un accord peut se présenter sous deux formes différentes sans qu'il n'y ait rien de changé dans sa nature.

Ou les sons qui le composent se font entendre simultanément, comme dans la 12me et la 16me mesure de la formule, et alors on l'appelle ACCORD PLAQUÉ; Accord plaqué.

Accord brisé.

Ou les sons se font entendre successivement, mais sans mélange d'aucun autre son étranger, et alors on lui donne le nom d'ACCORD BRISÉ. Exemple, la 1ere mesure de la formule.

Remarquons, dans cette même mesure, que la tonique, la médiante et la dominante sont sur des barreaux de même couleur, ce qui a toujours lieu.

Mesure à quatre temps.

L'espèce de C non barré ou un 4 qui suivent la clef indiquent la MESURE A QUATRE TEMPS. C'est une double mesure à deux-quatre.

Ronde, unité de mesure.

La RONDE, valant quatre noires, est l'UNITÉ DE MESURE. Nous lui donnerons encore pour signe représentatif de sa valeur la syllabe *ba*, mais prolongée de cette manière, BA-A-A-A. Nous frapperons et nous lèverons quatre fois pendant sa durée.

Noire, unité de temps.

Comme dans la mesure en deux quatre, la *noire*, est *l'unité de temps*, et elle conserve la même syllabe. Les autres divisions et syllabes de la mesure en deux-quatre s'appliquent du reste à la mesure en quatre-temps, ainsi que le fait voir le tableau (8),

Tonique RÉ.

Quand il y a deux dièses à la clef, (*fa* et *ut*), la TONIQUE se nomme RÉ. Dans la formule qui nous occupe, l'accord de tonique est donc *ré*, *fa* #, *la*.

Armure de la clef.

Le nombre des dièses ou des bémols dont la clef est suivie, forme ce que l'on appelle l'ARMURE DE LA CLEF. On dit alors que la clef est *armée* de tant de dièses ou de tant de bémols.

Ordre des dièses.

Les dièses viennent se placer à la clef dont l'ordre invariable suivant :

Formule mnémonique.

FA. UT. SOL. RÉ. LA. MI. SI.
Vas-tu sol-der, l'a-mi Si-mon?

Quand la clef est armée d'un ou plusieurs dièses, la tonique est la note au-dessus du dernier dièse placé à la clef.

Tonique, la note au-dessus du dernier dièse.

Par exemple, il y a quatre dièses à la clef, *fa*, *ut*, *sol*, *ré*, et la Tonique est *mi*, un dégré au-dessus du dernier dièse, *ré*.

Il y a une exception à cette règle, mais nous ne devons pas nous en inquiéter maintenant.

Nous nous servons du mot *Tonique* dans un cas où l'on emploie généralement le mot *Ton*. On dit *ton de ré*, *ton de fa*, etc. Mais ce mot *ton* ayant plusieurs acceptions en Musique, nous ne l'emploierons que plus tard, quand il ne pourra plus jeter de confusion dans notre esprit.

Emploi des mots Tonique et Ton.

SIXIÈME LEÇON.

Les bémols viennent se placer à la clef dans l'ordre suivant qui est invariable, et en même temps inverse de celui des dièses :

Ordre des bémols.

SI. MI. LA. RÉ. SOL. UT. FA.

Si mis là, ré - sol - u fa-quin, que ferais-tu?

Formule mnémonique.

Quand la clef est armée d'au moins deux bémols, la tonique porte le même nom que l'avant-dernier bémol.

Tonique, la même note que l'avant dernier *b*.

Le dernier bémol est la sous-dominante, et on peut encore, par ce moyen-là, arriver à la tonique.

Le dernier *b* est la sous-dominante.

Il y une à exception à ce que nous venons

de dire, mais nous ne devons pas nous en occuper maintenant. Nous allons éclaircir, par un exemple les deux règles que nous avons posées.

Il y a cinq bémols à la clef, savoir : *si*, *mi*, *la*, *ré*, *sol*. La tonique est *ré bémol*, l'avant-dernier bémol ; la sous-dominante est *sol bémol*, le dernier bémol.

Nom et ordre des sons de la gamme.

Nous avons déjà appris à reconnaître, en les entendant, les trois principaux son de la gamme, *tonique*, *médiante* et *dominante*, ceux qui indiquent le repos. Il nous reste à étudier les quatre autres sons. Avant de nous entretenir de leurs propriétés, je vais aujourd'hui vous en dire les noms, et l'ordre dans lequel ils se présentent invariablement. Il faut lire ces noms en commençant par le bas.

1. TONIQUE (AIGUE), commencement d'une nouvelle série.
7. Sensible.
6. Sus-dominante.
5. DOMINANTE.
4. Sous-dominante.
3. MÉDIANTE.
2. Sus-tonique.
1. Tonique.

Signes monogammiques.

Pour généraliser nos explications et faire en sorte que ce que nous dirons de la Tonique se rapporte à toute Tonique en général, qu'elle soit *ut*, *ré*, ou *fa*, etc., nous nous servirons de SIGNES appelés MONOGAMMIQUES, parce qu'ils réduisent toutes les gammes à une seule. Nous les emprunterons à M. H. Heugel; ils ne se prêtent pas à être mis sur la portée. Voir le tableau (9) qui les renferme, avec les chiffres dont on se sert quelquefois pour le même usage.

Le point au-dessus du signe ou du chiffre annonce qu'ils appartiennent à l'octave aigüe de la gamme ; et le point au-dessous marque qu'ils sont pris dans l'octave grave.

Analyse de la formule du Nom des sons de la gamme.

La formule V nous apprend le nom et l'ordre des sons de la gamme. La clef, la mesure et toutes ses divisions nous sont connues.

Tonique SOL *b*

La clef est armée de six Bémols, *si, mi, la, ré, sol, ut;* donc la TONIQUE est SOL *bémol,* l'avant-dernier *bémol,* la médiante *si bémol,* et la dominante *ré bémol.*

Coulé.

Cette courbe qui couvre plusieurs groupes de notes se nomme COULÉ. Elle indique qu'il doit se faire une seule émission de voix sur la syllabe qui se trouve dessous, et que les notes doivent être ainsi *coulées,* liées ensemble.

Décompter.

Si vous éprouvez de la difficulté à entonner le *sol* aigu de l'avant-dernière mesure, passez à plusieurs fois par les notes intermédiaires, à partir du *ré bémol,* c'est ce qu'on appelle DÉCOMPTER. Tout intervalle un peu éloigné doit être étudié de cette manière.

SEPTIÈME LEÇON.

Intervalle direct.

Revenons un instant à la formule de tonique. Le cinquième son que nous rencontrons en montant est, comme nous le savons, la dominante, éloignée de la tonique d'un intervalle de quinte. Chacun des sons étant à sa place naturelle, l'Intervalle est direct.

Intervalle renversé.

Un Intervalle est renversé quand l'ordre des sons est interverti, c'est-à-dire quand le son qui était au grave dans l'état direct est porté à l'aigu, ou quand le son qui était à l'aigu est porté au grave.

Dans la formule I, si nous portons la tonique à l'aigu, ou la dominante au grave, nous *renverserons* l'intervalle de la tonique à la dominante.

Quarte.

Dominante renversée.

Cet intervalle ne sera plus une quinte, mais un autre intervalle de quatre sons, appelé Quarte, comme on peut le voir en partant de la tonique aiguë de la formule pour arriver en descendant à la Dominante, appelée alors renversée.

Pour bien saisir ce changement, consultez l'exemple (10).

Analyse de la formule de Dominante renversée.

Voici une nouvelle CLEF, celle de FA quatrième ligne. Elle embrasse entre les deux points qui l'accompagnent le quatrième barreau noir où repose le *fa*. En le comparant au *fa*, de la clef de *sol*, on voit qu'il a descendu d'une tierce sur la portée, et que toutes les autres notes ont suivi ce mouvement. Cette observation nous facilitera l'étude de cette clef. La *clef de fa* se plaçait autrefois sur le quatrième barreau noir et sur le troisième ; la première est seule maintenant usitée.

Clef de fa, quatrième ligne.

La clef est suivie de six dièses, *fa*, *ut*, *sol*, *ré*, *la*, *mi* ; donc la tonique est *fa* #, note au-dessus du dernier dièse ; la médiante est *la* #, et la dominante *ut* #.

Tonique FA #.

Une mesure inconnue se présente à nous dans cette formule VI, celle en TROIS-HUIT.

Mesure en trois-huit.

Nous voyons, à la huitième et à la douzième mesure, l'UNITÉ DE TEMPS qui est en même temps l'UNITÉ DE MESURE, c'est une NOIRE POINTÉE, BA.

Noire pointée, unité de mesure et de temps.

Quand une note est suivie de ce signe, que l'on nomme POINT DE PROLONGATION, celui-ci augmente de moitié la valeur de la note après laquelle il est placé. Exemples tableau (11).

Point de prolongation.

On rencontre quelquefois un DOUBLE POINT DE PROLONGATION. Le second point augmente aussi de moitié la valeur du premier, de sorte que la note doublement pointée a sa durée augmentée des trois quarts de sa valeur (11).

Double point de prolongation.

Silence pointé. Le point, après le soupir, le demi-soupir, etc., produit le même effet qu'après une note, le SILENCE POINTÉ est augmenté de la moitié de sa valeur. (11).

Tiers d'unité. Revenons à la formule VI. L'unité, nous l'avons dit, est la noire pointée. Elle se divise en trois parties d'égale durée appelées TIERS D'UNITÉ. Ces tiers sont des croches. Nous leur donnerons les syllabes BÉ, BI, BO.

Battre la mesure à $\frac{3}{8}$. La mesure à trois-huit se bat de la manière suivante : *Bé*, fort en frappant; *Bi*, faible, en portant horizontalement la main à droite; *Bo*, faible, en levant. Pour l'unité, *Ba*, il faudra nécessairement faire les trois mouvements.

Sixièmes d'unité. Les tiers d'unités se divisent en moitiés qui sont des SIXIÈMES D'UNITÉ. Nous trouverons leurs syllabes dans le tableau (12) de la mesure en trois-huit, et des exercices (13) sur cette même mesure.

La formule VI commence par la tonique, puis vient la sensible, la sus-dominante, et enfin la dominante renversée. L'intervalle de quarte offrant quelque difficulté d'intonation, tâchons de nous rappeler, quand il paraîtra, soit en montant soit en descendant, les passages de la formule où cet intervalle se trouve.

Jusqu'à présent nous avons étudié quelques intervalles. Il nous en reste d'autres à connaître, et nous allons ici les grouper tous ensemble.

Seconde. En partant d'un son quelconque, soit en montant soit en descendant, le son qui en touche un autre par intervalle conjoint en est éloigné d'un intervalle de SECONDE.

Ces deux sons se trouvent sur des barreaux de couleur différente.

Le son qui vient après la seconde est une TIERCE ; il se trouve sur un barreau de même couleur que le point de départ. Tierce.

Puis se trouvent la QUARTE, la QUINTE, la SIXTE, la SEPTIÈME, l'OCTAVE, la NEUVIÈME, la DIXIÈME, etc. Quarte, etc.

Il nous sera facile de voir, tableau (14), que tous les intervalles impairs se trouvent sur des barreaux de même couleur ; et que tous les intervalles pairs s'écrivent sur des barreaux de couleur différente ; et cela sera plus évident encore en les représentant par des chiffres, comme dans le tableau (15). Intervalles pairs, Barreaux semblables. Intervalles impairs, Barreaux différents.

Pour APPRÉCIER promptement un intervalle quelconque, il faut : Apprécier un intervalle

Pour L'INTERVALLE PAIR, compter les barreaux, noirs ou blancs, compris dans cet intervalle, et le double donnera l'intervalle cherché ; pour l'INTERVALLE IMPAIR, compter les barreaux de la couleur de ceux sur lesquels sont les notes de l'intervalle, en y comprenant ceux de ces deux notes, et le double, moins un, donnera l'intervalle cherché. pair, impair.

HUITIÈME LEÇON.

Nous allons compléter ce qui est relatif aux intervalles, car leur connaissance est bien importante pour parvenir à déchiffrer facilement.

Intervalle simple.

On entend par INTERVALLE SIMPLE celui qui ne dépasse pas une septième ;

Intervalle redoublé.

Et par INTERVALLE REDOUBLÉ celui qui atteint au moins l'octave.

Redoubler un intervalle.

Pour redoubler un intervalle quelconque, il faut y ajouter le nombre *sept* autant de fois qu'on veut le redoubler, ainsi qu'on le voit par le tableau (16).

Trouver l'intervalle simple d'un intervalle redoublé.

Pour connaître l'intervalle simple d'un intervalle redoublé, il faut retrancher, du nombre qui exprime l'intervalle, le nombre *sept* autant de fois qu'il y est contenu, et le reste indique l'intervalle simple.

EXEMPLES.

Octave. 8 moins 7, reste 1 ; l'octave est un unisson redoublé.

Seizième. 16 moins 2 fois 7, reste 2 ; la seizième est une seconde deux fois redoublée.

Vingt-et-unième. 21 moins 3 fois 7, reste 0. Quand il ne reste rien, l'intervalle simple est toujours la septième, la vingt-et-unième est une septième deux fois redoublée.

Rappelons-nous bien en outre que les intervalles

pairs, qu'ils soient simples ou redoublés, sont sur des barreaux de couleur différente, et que les intervalles impairs sont sur des barreaux de même couleur.

Trouver le renversement d'un intervalle, jusqu'à l'octave;

Pour trouver le renversement d'un intervalle jusqu'à l'octave, il faut chercher le nombre qui forme *neuf* en l'ajoutant au chiffre exprimant l'intervalle que l'on veut renverser. Nous pouvons vérifier ce fait sur la portée ainsi que dans le tableau (17).

au-dessus de l'octave.

Au-dessus de l'octave, pour trouver le renversement d'un intervalle, il faut ajouter à l'intervalle connu un nombre qui avec lui complèterait *Seize*.

Mots ayant la désinence *corde*, indiquant combien de sons composent un intervalle.

Dans tout ce que nous avons dit jusqu'à présent, relativement aux intervalles, nous n'avons considéré que les sons extrêmes. Il y a un autre point de vue sous lequel on les envisage; c'est sous celui du nombre de sons dont ils se composent. Le mot *corde* devient alors synonime de *son*, et l'on appelle :

1° L'unisson,	MONOCORDE ;
2° La seconde,	DICORDE ;
3° La tierce,	TRICORDE ;
4° La quarte,	TÉTRACORDE ;
5° La quinte,	PENTACORDE ;
6° La sixte,	HEXACORDE ;
7° La septième,	EPTACORDE ;
8° L'octave,	OCTACORDE
9° La neuvième,	NONACORDE ;
10° La dixième,	DÉCACORDE ;
etc.	etc.

La gamme est un eptacorde.

Dans ce système de nomenclature, la gamme, composée de sept sons, est un *eptacorde.*

Complément d'un intervalle.

On nomme COMPLÉMENT D'UN INTERVALLE, ce qui lui manque pour compléter l'octave; c'est l'intervalle qui forme avec lui le nombre *neuf.* Exemple : *ut grave-mi*, tierce; complément, *mi-ut aigu*, sixte.

Complément d'un accord.

On appelle aussi COMPLÉMENT D'UN ACCORD, la répétition à l'aigu de la note fondamentale de cet accord. Nous allons en voir un exemple.

Analyse de la formule du Complément de l'accord de toniqne.

Complément de l'accord tonique.

La Formule VII s'occupe du COMPLÉMENT DE L'ACCORD DE TONIQUE. Elle n'offre pas de difficultés d'intonation.

Tonique mi *b.*

La clef, celle de fa quatrième ligne, est suivie de trois bémols, *si, mi, la;* donc la TONIQUE est MI *bémol.*

Mesure à trois-quatre ou à trois temps.

La MESURE indiquée est celle à TROIS-QUATRE ($\frac{3}{4}$); on l'appelle aussi mesure A TROIS TEMPS, et on la marque par un 3.

Unité de mesure, la blanche pointée.

L'UNITÉ DE MESURE est la BLANCHE POINTÉE, ayant pour syllabe *ba* prolongée de cette manière, BA-A-A.

Noire, unité de temps.

Elle vaut trois NOIRES qui sont des UNITÉS DE TEMPS, ayant toujours la syllabe *ba.* L'unité se divise comme dans la mesure à deux-quatre et conserve les mêmes syllabes. Nous n'avons donc pas besoin d'en donner un nouveau tableau.

NEUVIÈME LEÇON.

Analyse des formules des Propriétés de la sous-dominante et de la sensible.

Les formules VIII et IX ont pour but de nous rappeler la propriété de deux sons de la gamme, ceux le plus opposés au repos, je veux dire la sous-dominante et la sensible.

La SOUS-DOMINANTE *tend toujours à* DESCENDRE et à venir se reposer sur la médiante. C'est pour cette raison que, dans les signes monogammiques, la pointe du triangle est tournée vers le bas. Propriété de la sous-dominante.

La SENSIBLE *veut impérieusement* MONTER, et prendre un appui sur la tonique. C'est pour cela que, dans les signes monogammiques, la pointe du triangle est tournée vers le haut. Propriété de la sensible.

La formule VIII n'offre rien qui nous soit inconnu. Nous avons déjà vu la clef et la mesure, et de plus la tonique est *ut*. Les difficultés d'intonation sont peu grandes. Quant aux décompositions, nous avons plusieurs fois la croche suivie du point, c'est-à-dire, une demi-unité et un quart réunis. Formule VIII.

Partout où nous les rencontrerons, appuyons sur la sus-dominante et sur la sensible, ainsi que le veut le signe > ; et dans la phrase à deux parties, écoutons bien l'effet qu'il résulte de la tendance opposée des deux sons qui nous occupent.

Formule IX.

Ici la tonique est *mi bémol,* et nous continuons à étudier la clef de fa.

Mesure à six-huit.

Noire pointée, unité de temps.

Voici une nouvelle Mesure, celle a six-huit. Elle est composée de deux unités se divisant en tiers. Ces Unités de temps sont la noire pointée. D'après cela on reconnaît facilement que la mesure à six-huit est une double mesure à trois-huit.

Blanche pointée, unité de mesure.

L'Unité de mesure est la blanche pointée, à laquelle nous donnerons la syllabe *ba*, prolongée comme suit *ba-a.*

Les autres syllabes seront les mêmes que dans la mesure à trois huit, mais pendant la durée d'une mesure, nous aurons deux unités à battre.

Cette formule n'offre d'autre difficulté d'intonation que le saut de la dominante à la sensible renversée ; on parviendra en décomptant, à le faire avec certitude et justesse.

Rappelons-nous que les propriétés de la sensible et de la sous-dominante sont de la dernière importance, et souvenons-nous bien des deux formules qui y sont consacrées.

Il nous reste à parler de la sus-tonique et de la sus-dominante.

Propriété de la sus-tonique.

La Sus-tonique n'a pas de propriété bien marquée; elle peut monter à la médiante, mais elle tend peut-être davantage vers la tonique, repos parfait, que vers la médiante repos tertiaire.

Propriété de la sus-dominante.

La Sus-dominante, n'a pas non plus de propriété remarquable. Cependant elle se porte plutôt vers la dominante, repos secondaire, que vers la sensible qui est, comme nous l'avons déjà dit, le son le plus opposé au repos.

Malgré leur caractère peu tranché, il nous sera toujours facile de reconnaître la sus-tonique et la sus-dominante, à cause des sons dont elles se trouvent environnées.

DIXIÈME LEÇON.

Un accord composé de trois sons peut se présenter sous trois faces différentes, en mettant successivement chacun de ces sons à la basse. Voir le tableau (18). Trois faces d'un accord.

Quand le son générateur est la basse, les notes de l'accord laissent entre elles une tierce. et les deux extrêmes forment une quinte. L'accord est alors dans son ÉTAT DIRECT, parce que chacun des sons est à sa place naturelle. 1° Etat direct.

2° Lorsque la médiante est à la basse, l'accord est composé d'une tierce surmontée d'une quarte, et les deux notes extrêmes forment une sixte. L'accord est dans le PREMIER RENVERSEMENT. 2° Premier renversement.

3° Si la dominante se trouve à la basse, l'accord est composé d'une quarte surmontée d'une tierce, et les deux notes extrêmes forment une sixte. L'accord est dans le SECOND RENVERSEMENT. 3° Second renversement.

Ce que nous disons ici de l'accord de tonique

s'applique à tous les accords de la gamme composés de trois sons.

Les intervalles que nous venons de mentionner ne se trouvent entre les sons d'un accord qu'autant que celui-ci est dans *l'état compacte*, c'est-à-dire aussi rapprochés que possible.

Les notes de la basse indiquent les tro s faces d'un accord.

Mais il faut se rappeler que la note de la basse à elle seule indique la position d'un accord, sans égard à l'ordre dans lequel les sons se trouvent placés dans les parties aigües. Ainsi, quand le son générateur sera à la basse, nous reconnaîtrons l'*état direct ;* quand ce sera la tierce du son générateur, nous verrons le *premier renversement;* enfin, quand la quinte de ce même son générateur sera à la basse, ce sera le *second renversement*.

Trouver le son générateur d'un accord renversé.

Pour trouver le son générateur d'un accord renversé, il faut rétablir les tierces superposées qui doivent former cet accord.

Analyse de la formule des Trois faces de l'accord.

La formule X nous fait voir les trois faces de l'accord dont nous venons de parler. L'accord de tonique sert à en faire l'application.

La clef, la mesure nous sont connues; l'intonation est d'ailleurs peu difficile, ainsi cette formule doit peu nous arrêter, et elle est la dernière de la première partie de notre Cours.

ONZIÈME LEÇON.

Il y a deux gammes, la GAMME MAJEURE et la GAMME MINEURE. Elles diffèrent entre elles par la position de plusieurs intervalles. Qu'il nous suffise de savoir cela maintenant, et nous allons chercher à reconnaître, en nous servant du tableau (19), les *intervalles simples* que contient la *gamme majeure*, la seule que nous ayons étudiée jusqu'à présent.

Gamme majeure.

Nous savons que l'intervalle d'un son au son le plus voisin est une seconde ; il y en a sept dans la gamme, *cinq secondes majeures* et *deux mineures.* Celles-ci se trouvent de la médiante à la sus-dominante, et de la sensible à la tonique.

Secondes ; cinq majeures, deux mineures.

Les secondes ont pour complément des septièmes, celles majeures des septièmes mineures, et celles mineures des septièmes majeures ; il y a donc *cinq septièmes mineures* et *deux septièmes majeures.*

Septièmes ; deux majeures, cinq mineures.

Il y a *trois tierces majeures,* prises sur la tonique, sur la sous-dominante et sur la dominante, et *quatre tierces mineures.*

Tierces ; trois majeures, quatre mineures.

Les trois tierces majeures ont pour complément *trois sixtes mineures*, et les quatre tierces mineures ont pour complément *quatre sixtes majeures.*

Sixtes ; trois mineures, quatre majeures.

Il y a *une seule quatre majeure*, de la sous-dominante à la sensible, et *six quartes mineures.*

Quartes ; un majeure, six mineures.

Quintes ; un mineur, six majeurs.

Leur complément donne *une quinte mineure*, de la sensible à la sous-dominante, et 6 *quintes majeures*.

Intervalles majeurs et mineurs compléments les uns des autres.

Remarquons, d'après ce même tableau (19) que 1.° Un intervalle majeur a pour complément un intervalle mineur; et réciproquement, un intervalle mineur a pour complément un majeur ;

Le nombre de secondes mineures distingue les intervalles majeurs ou mineurs.

2.° Ce qui distingue un intervalle majeur ou mineur quelconque, c'est une seconde mineure de plus ou de moins ; il est donc très-important de se rappeler leur position dans la gamme, du troisième au quatrième degré, et du septième au huitième degré, pour voir combien il en entre dans un intervalle qui nous serait proposé.

Composition de la tierce,

Dans la tierce majeure, il y a deux secondes majeures ; et dans la tierce mineure, il y a une seconde majeure et une mineure.

de la quarte,

Dans la quarte majeure, il y a trois secondes majeures, et dans la quarte mineure, on compte deux secondes majeures et une mineure.

de la quinte,

Dans la quinte majeure, il entre une seconde mineure, et dans la quinte mineure il en entre deux.

de la sixte,

Dans la sixte majeure, il entre une seconde mineure et dans la sixte mineure on en trouve deux.

de la septième.

Dans la septième majeure il ne paraît qu'une seconde mineure, tandis qu'il y en a deux dans la septième mineure.

Si enfin nous récapitulons et comparons les intervalles simples de la gamme majeure, nous aurons le tableau (20) qu'il nous est nécessaire de bien connaître.

C'est maintenant que nous pouvons comprendre

dans quelle proportion un dièse élève l'intonation d'une note, et combien le bémol l'abaisse.

Le dièse hausse l'intonation d'une note d'une seconde mineure, mais la note diésée tend à monter plutôt qu'à descendre. Elle a donc à peu près la propension de la sensible, et nous verrons même plus tard que généralement le dièse convertit la sous-dominante en sensible.

De combien un dièse hausse l'intonation.

Le bémol baisse l'intonation d'une note d'une seconde mineure, mais la note bémolisée tend plutôt à descendre qu'à monter. Elle a donc à peu près la propension de la sous-dominante, et généralement aussi le bémol change la sensible en sous-dominante.

De combien un bémol baisse l'intonation.

DOUZIÈME LEÇON.

Pour terminer la première partie, nous allons parler de la *mesure*, une des grandes difficultés de la Musique. Nous en possédons déjà des notions répandues dans toutes nos leçons précédentes.

Nous avons défini la *mesure: la division* d'un morceau *en parties d'égale durée*. Cette division n'est point arbitraire; elle se marque d'elle-même, et est commandée par le rhythme ou la cadence d'un morceau.

La division de la mesure est marquée par la cadence.

Toutes les mesures viennent, pour leurs divisions,

Deux mesures types.

se calquer sur deux seules. Elles sont de véritables types qui, une fois connus, facilitent la division de toutes les autres mesures.

celle en deux-quatre,

Ou l'*unité de temps*, *ba*, (noire) autrement appelée *temps*, *se divise en deux moitiés*, *bé*, *bi*, (croches), comme dans la MESURE TYPE A DEUX QUATRE;

et celle en trois-huit.

Ou bien l'*unité de temps*, *ba*, (noire pointée) *se partage en trois tiers*, *bé*, *bi*, *bo*, (croches), comme dans la MESURE TYPE A TROIS-HUIT.

Rhythme binaire.

Le RHYTHME est BINAIRE, lorsque l'unité se divise en deux, ou en ses multiples, quatre, huit, seize.

Rhythme ternaire.

Le RHYTHME est TERNAIRE, quand l'unité se divise en trois, ou en ses multiples six, douze, vingt-quatre.

Rhythme est la division de l'unité.

Le RHYTHME est donc la *division de l'unité*; et un tableau rhythmique est celui qui indique les divisions de cette unité.

Rhythme binaire.

Division du rhythme binaire.

L'unité, *ba*, (noire), se divise en moitiés, *bé*, *bi*, (croches); les moitiés se partagent en quarts, *bé*, *fé*, *bi*, *fi*, (demi-croches, vulgairement doubles croches); les quarts se subdivisent en huitièmes, *bé*, *lé*, *fé*, *lé*, *bi*, *li*, *fi*, *li*, (quarts de croches ou triples croches). On trouve, mais très-rarement dans la Musique vocale, les huitièmes divisés en seizièmes (huitièmes de croches ou quadruples croches) pour lesquels nous n'avons pas besoin des syllabes iconochrones.

Il y a trois mesures à rhythme binaire :

à deux temps binaires, celle en $\frac{2}{4}$;

à trois temps binaires, celle à $\frac{3}{4}$ ou 3 ;

à quatre temps binaires, celle à 4 ou C.

Trois Mesures à rhythme binaire.

Elles ne diffèrent que par le nombre d'unités ou de temps qui les composent, et ont les mêmes syllabes iconochrones. On peut le voir par le tableau (21), colonne 1.

Rhythme ternaire.

L'unité, *ba*, (noire pointée) se partage en trois tiers, *bé*, *bi*, *bo*, (croches) ; les tiers se divisent en sixièmes, *bé*, *fé*, *bi*, *fi*, *bo*, *fo*, (demi-croches) ; les sixièmes se subdivisent en douzièmes *bé*, *lé*, *fé*, *lé*, *bi*, *li*, *fi*, *li*, *bo*, *lo*, *fo*, *lo*; (quarts de croches). Les douzièmes se divisent en vingt-quatrièmes ; mais ceux-ci étant peu usités dans la musique vocale, nous n'avons pas besoin de syllabes iconochrones.

Division du rhythme ternaire.

Il y a quatre mesures à rhythme ternaire :

à un temps ternaire, celle en $\frac{3}{8}$;

à deux temps ternaires, celle en $\frac{6}{8}$;

à trois temps ternaires, celle en $\frac{9}{8}$;

à quatre temps ternaires, celle en $\frac{12}{8}$.

Quatre mesures à rhythme ternaire.

Elles ne diffèrent entre elles que par le nombre d'unités qui entrent dans leur composition, et ont les mêmes syllabes iconochrones. (Voir colonne 8).

Par exception, la division ternaire vient quelque-

Trois pour deux.

ou triolets. fois se substituer à la division binaire ; on trouve trois croches, trois demi-croches, etc., où il n'en faudrait que deux. On appelle cela des TROIS POUR DEUX ou des TRIOLETS. (voir colonnes 3, 5, 7, 11 et 13).

Syllabes et indication des triolets. Nous leur avons donné des syllabes différentes de celles des tiers réguliers, *Ba*, *ra*, *sa*, *Bé*, *ré sé*, *Bi*, *ri*, *si*, etc. Les triolets se marquent ordinairement par le chiffre 3 placé au-dessous ou au-dessus de la 2ème note du groupe, mais souvent on omet ce chiffre. On trouve aussi 6, 9, 12, etc, quand un groupe entier est assujetti à l'exception.

Noms des mesures indiquant leur composition. La dénomination de chaque mesure rappelle la composition de cette mesure. La blanche, unité mère, est partagée en un certain nombre de parties, ce qu'exprime le chiffre inférieur de l'indication de la mesure. On prend, pour former la mesure, un certain nombre de ces parties, et le chiffre supérieur marque ce nombre. Ainsi, *mesure à* $\frac{3}{4}$, l'unité mère est partagée en quatre parties, et l'on en prend trois pour composer la mesure ; *mesure à* $\frac{6}{8}$, l'unité mère est partagée en 8 parties, et l'on en prend six pour la mesure. Ainsi des autres.

Mesures exceptionnelles. Il y a quelques mesures qui font exception à ces règles si simples, mais parmi elles, une seule est usitée.

Mesure en deux temps. C'est la MESURE A DEUX TEMPS, marquée 2 ou C barré. L'unité de temps, *ba*, est la blanche. Elle ne diffère de la mesure à deux-quatre que par les signes qui servent à l'écrire; ils ont une valeur double. Cette mesure emprunte les syllabes de celle en deux quatre qui peut toujours lui être substituée.

Mesure à six-quatre. La MESURE A SIX-QUATRE est également en tout semblable à celle à six-huit, si ce n'est par les signes qui servent à l'écrire; ils ont aussi une valeur double.

Mesure à neuf-seize.

LA MESURE A NEUF-SEIZE est la même mesure que celle à neuf-huit, avec des signes ayant la moitié moins de valeur.

Ces trois complications, et quelques autres dont nous ne parlons pas, sont tout à fait inutiles et ne servent qu'à embarrasser le système. Il y aurait donc lieu à une réforme réclamée depuis longtemps.

Battre les mesures

Jusqu'ici nous n'avons marqué ou battu que les temps de chaque mesure. Nous allons maintenant BATTRE LA MESURE, c'est-à-dire marquer, par différents mouvements de la main, l'arrivée des divers temps de la mesure. Les instrumentistes le font avec le pied.

à deux temps,

La mesure à $\frac{2}{4}$, celle à 2 temps, celle à $\frac{6}{8}$ et celle à $\frac{6}{4}$ se battent en faisant deux mouvements : 1.° *frapper*, pour la 1.re unité; 2.° *lever*, pour la deuxième.

à trois temps,

La mesure à $\frac{3}{8}$ se bat par trois mouvements, comme nous l'avons fait: 1.° *frapper*, pour le 1.er tiers; 2.° *tourner à droite*, pour le 2me tiers; 3.° *lever*, pour le 3eme tiers. La mesure à $\frac{3}{4}$, celle à $\frac{9}{8}$ et celle à $\frac{9}{16}$, se battent de la même manière que celle à $\frac{3}{8}$, en faisant les mouvements ci-dessus pour chaque unité. Ainsi, 1re unité, *frappé*; 2eme unité, *tourné à droite*; 3eme unité, *levé*.

à quatre temps.

La mesure à quatre temps et celle à $\frac{12}{8}$ se battent par quatre mouvements: 1.° *frapper*, pour la 1re unité; 2.° *tourner à gauche*, pour la seconde; 3.° *tourner à droite*, pour la troisième; 4.° enfin *lever*, pour la quatrième.

Parties fortes et faibles de la mesure.

De même que le temps, chaque mesure a des parties fortes et faibles. Avec le *premier temps* arrive la *partie forte ; chaque autre temps* est *fort-secondaire*, et la *division du temps* forme les *parties faibles* de la mesure.

FIN DE LA PREMIÈRE PARTIE.

SECONDE PARTIE.

TREIZIÈME LEÇON.

Accords de quinte.

Nous avons dit, dans la première partie de ce Cours, que les accords sont composés de tierces superposées, quand ils sont dans leur état direct. L'accord de tonique, que nous avons étudié, est un ACCORD DE QUINTE. On donne ce nom à tous les accords qui sont, comme lui, composés de trois sons, parce qu'il y a un intervalle de quinte entre les sons extrêmes de ces accords.

Accords de septième.

Mais un accord peut être composé de quatre sons, ou de trois tierces superposées. Les deux extrémités de ces accords donnent un intervalle de septième, et on les nomme pour cela ACCORDS DE SEPTIÈME.

Accord de septième dominante.

Celui que nous allons étudier, dans la formule XI, est pris sur la dominante qui en est le son générateur; de là son nom : ACCORD DE SEPTIÈME DOMINANTE.

Sa composition.

Cet accord est composé de la dominante, de la sensible, de la sus-tonique et de la sous-dominante.

Il est suspensif.

Il est suspensif; il est donc besoin de l'appuyer sur un autre accord, c'est ce qu'on appelle FAIRE SA RÉSOLUTION.

Sa résolution.

L'accord de septième dominante fait sa résolution sur l'accord de tonique de la manière suivante :

La dominante, faisant partie de l'accord de tonique, peut rester en place, ou bien monter ou descendre à la tonique;

La sensible, tendant à monter, a sa résolution forcée sur la tonique;

La sus-tonique peut descendre à la tonique ou monter à la médiante;

Enfin la sous-dominante, ayant pour propriété de descendre, se résoudra forcément sur la médiante, (Tableau 22).

Nous retrouvons donc ici une confirmation des propriétés que nous avons reconnues aux sons de la gamme composant l'accord de septième dominante.

Ses quatre positions.

Cet accord étant formé de quatre sons, et chacun de ces sons pouvant être mis à la basse, est susceptible de quatre positions :

1° *Etat direct,*	la dominante	est à la basse, quelque soit l'ordre dee autres sons (22).
2° *Premier renversement,*	la sensible	
3° *Deuxième renversement,*	la sus-tonique	
4° *Troisième renversement,*	la sous-dominante	

La seconde paraît dans les renversements de cet accord.

Le renversement de la septième étant une seconde, ce dernier intervalle paraîtra nécessairement dans les trois renversements de l'accord de septième dominante, et la note supérieure de la seconde sera la note fondamentale; il sera donc toujours facile de la connaître, et nous pouvons nous en assurer dans le tableau (22).

Analyse de la formule de l'Accord de septième dominante.

Passons à l'examen de la formule XI, celle de ccord de septième dominante.

La Clef est celle d'ut, quatrième ligne. L'*ut* re- se donc sur le quatrième barreau noir, et cela nnu, il nous est facile de savoir où se placent les tres notes, si nous remarquons que l'*ut* a monté ın degré, en le comparant à l'ut de la *clef de sol*, que toutes les autres notes ont suivi ce mouve- ent ascendant.

Clef d'ut, quatrième ligne.

La clef étant suivie d'un dièse, *fa*, la tonique est .

La Mesure est celle en Deux temps. Nous avons , en parlant de la mesure, que celle-ci est une ception aux règles générales, et qu'elle tient lieu de sure à deux-quatre.

Mesure en 2 temps.

La *blanche* est l'*unité de temps*, BA, et les *noires* nt des *demi-unités*, BÉ, BI.

L'unité, la blanche; la demi-unité, la noire.

Dès la seconde mesure, nous voyons se mêler à division binaire la division exceptionnelle des ois pour deux, ou Triolets. Ces trois sons ne ivent pas durer plus que deux moitiés, et nous ır donnerons les syllabes iconochrones BA, , SA.

Triolets.

Les mots *Andante*, *Maestoso*, *Stringendo*, et *Tempo*, indiquent le Mouvement ou les Nuances mouvement, c'est-à-dire le degré de vitesse ou lenteur avec lequel on doit exécuter un mor-

Mouvement et nuances du mouvement.

ceau. On se sert pour cela de mots italiens assez va
gues.

Expression.

Il se joint souvent au mot qui marque le mouve
ment, un ou plusieurs mots italiens faisant connaî
tre quel caractère on doit donner au morceau. J
vais réunir les uns et les autres dans le tableau sui
vant, en me bornant toutefois à ceux généralemen
usités.

MOTS ITALIENS.	TRADUCTION ET EXPLICATION.
	Termes indicatifs du mouvement.
Largo,	Lentement.
Larghetto,	Moins lent que Largo.
Adagio,	Posément.
Andante,	Modérément, mais avec un rhythme sensible.
Andantino,	Moins lent qu'Andante.
Allegretto,	Moins vif que l'Allegro.
Allegro,	Gai.
Presto,	Vif.
Prestissimo,	Très-vif.
	Termes modificatifs du mouvement.
Accelerando,	En accélérant.
Ad libitum, (latin).	A la volonté de l'exécutant.
Alla breve,	Mouvement rapide à deux temps, dans la musique d'église.
Alla militare,	Mouvement marqué et décidé.
Alla polacca,	Mouvement de polonaise modéré.
A piacere,	Au plaisir de l'exécutant.
A tempo,	Premier mouvement momentanément abandonné.
Assai,	Beaucoup, *Ex.* Alleg° Assai.

MOTS ITALIENS.	TRADUCTION ET EXPLICATIONS.
Meno,	Moins, *Ex.* Menu mosso.
Moderato,	Modéré, *Ex.* All° moderato.
Molto,	Beaucoup, *Ex.* Molto all°.
Non tanto,	Pas aussi, *Ex.* Non tanto adagio.
Non troppo,	Pas trop, *Ex.* Non troppo adagio.
Piu,	Plus, *Ex.* Piu mosso.
Poco a poco,	Peu à peu.
Quasi,	Presque, *Ex.* Andante quasi all°.
Rallentando,	En rallentissant.
Stringendo,	En serrant.
Sempre,	Toujours, *Ex.* All° sempre.
Tempo di marcia,	Mouvement de marche.
Tempo di minuetto,	Mouvement de menuet.
Tempo giusto,	Ni trop lent ni trop vif; temps juste.
Tempo primo,	Reprise du premier mouvement.

Termes indicatifs de l'expression (*).

Agitato,	Agité.
Amabile,	Aimable et doux.
Amoroso,	Amoureux.
Animato,	Animé.
Appassionato,	Passionné.
Arioso,	Gracieux et serein.
Brillante,	Brillant.
Brioso,	Vif, enjoué.
Cantabile,	Chanter avec grâce et goût.
Comodo,	Commode, sans se presser.

(*) Cette partie du tableau est le complément de celui des *nuances* qui font aussi partie de l'*expression*.

MOTS ITALIENS.	TRADUCTION ET EXPLICATIONS.
Con brio,	Avec gaieté.
Con moto,	Avec mouvement.
Doloroso,	Douloureux.
Fiero,	Fier.
Flebile,	Plaintif.
Giusto,	Ni trop vif ni trop lent.
Grave,	Grave.
Grazioso,	Gracieux.
Lamentabile,	Lamentable.
Lento,	Lent.
Maestoso,	Majestueux.
Mesto,	Triste.
Mosso,	Animé.
Scherzando,	En badinant.
Soave,	Suave.
Vivace,	Vif.

Métronome.

Il y a un instrument, malheureusement trop pe
répandu, qui fait connaître au juste le mouveme
dans lequel un compositeur desire que son œuv
soit exécuté; je veux parler du Métronome. C
instrument a pour principale partie un pendule gr
dué, sur lequel on fait courir une petite pièce mo
bile qui l'allonge et l'accourcit, ce qui produit de
mouvements plus ou moins vifs, mais toujours ré
guliers. Celui dont on se sert généralement est d
Maëlzel.

Le compositeur indique son intention en têt
du morceau, comme on le voit dans le tableau (23)

L'exemple A signifie que la pièce mobile du pen

dule doit être placée au n° 100, et que chaque mouvement du pendule indique la valeur d'une noire.

L'exemple B marque qu'il faut fixer la pièce mobile au n° 120, et que chaque mouvement du pendule fait connaître la valeur d'une croche.

Ainsi des autres. MM. signifie *Métronome de Maëlzel:*

QUATORZIÈME LEÇON.

Nous allons donner quelques notions de la liaison des accords, en ne nous occupant que des plus simples et des plus usités.

Deux accords qui ont entre eux une corde commune, peuvent aisément se lier; et l'oreille entend avec plaisir le passage de l'un à l'autre. Se lient bien les accords ayant une corde commune.

Dans ce cas se trouvent (mais il y en a d'autres qu'eux) l'accord de tonique et celui de dominante qui ont une corde commune, la dominante; et l'accord de tonique et celui de sous-dominante, qui ont la tonique pour corde commune : c'est de ceux-là que nous allons nous occuper. Accords qui se trouvent dans ce cas.

Dans l'harmonie, les parties doivent, autant que possible, marcher par seconde, et par conséquent la position du premier accord détermine celle des suivants. Marche des parties, en harmonie.

Lorsque le premier accord est dans l'état direct, c'est la Première position ou le Premier ordre des accords. Première position, ou premier ordre des accords.

Si ce premier accords est celui de tonique, en n'employant que les accords dont nous avons parlé ci-dessus, par la marche des parties, l'accord de dominante sera dans le premier renversement et celui de sous-dominante dans le second renversement, chaque partie n'aura alors monté ou descendu que d'une seconde, quand elle ne sera pas resté en place comme corde commune.

Analyse de la formule du Premier ordre des accords.

C'est ce que nous voyons dans la formule XII. Ces trois accords se trouvent brisés dans la partie *andante* de la formule, et plaqués dans la *coda*.

La clef est celle d'*ut* quatrième ligne.

La tonique est *ré*, puisque cette clef est suivie de deux dièses.

Changement de mesure et de mouvement.

La mesure est en trois temps binaires dans l'*andante*, et en deux temps binaires dans l'*allégro*. Il y a donc ici *changement de mesure* et *changement de mouvement*. Dans un morceau un peu long, cela arrive souvent.

Nous expliquerons plus tard ce qu'on entend par *coda*.

Analyse de la formule du Deuxième ordre des accords.

Deuxième position ou deuxième ordre des accords.

La formule XIII nous fait connaître la Deuxième position ou le Deuxième ordre des accords.

Celui de tonique est dans le premier renversement, celui de dominante dans le deuxième renversement, et celui de sous-dominante est dans l'état direct ; de cette manière, la règle de la marche des parties par seconde est observée. Ces trois accords, tantôt plaqués, tantôt brisés, composent la formule qui nous occupe.

La Clef est celle d'Ut, troisième ligne. L'*ut* repose donc sur le troisième barreau noir ; il a descendu d'un degré, ainsi que toutes les autres notes qu'il a entraînées avec lui, et cette remarque nous facilitera l'étude de cette clef.

Clef d'ut, troisième ligne.

La clef étant suivie de trois bémols, la tonique est *mi bémol*.

La mesure est à $\frac{3}{8}$, celle composée d'une seule unité ternaire.

Le signe 𝄐 s'appelle Point d'orgue. Quand on le place sur un silence ou sur une barre de reprise, il prend le nom de Point d'arrêt. Son effet est de suspendre la mesure, et on donne au son ou au silence qui en est affecté une valeur à peu près arbitraire, mais toujours plus grande que celle marquée par la figure de la note ou du silence. Nous trouvons un point d'orgue sur le pénultième accord de la formule que nous étudions.

Point d'orgue et point d'arrêt.

Analyse de la formule du Troisième ordre des accords.

Dans la formule XIV, nous allons voir la Troisième position ou le Troisième ordre des accords.

Troisième position, ou troisième ordre des accords.

Comme nous continuons à n'employer que les

trois accords dont nous avons parlé, celui de tonique sera dans le second renversement, celui de dominante dans l'état direct et celui de sous-deminante dans le premier renversement; de cette manière, les parties qui ne sont pas notes ou cordes communes, ne montent ou ne descendent encore que d'une seconde, ainsi que dans la première et la deuxième position des accords.

La clef de cette formule XIV est celle d'*ut*, troisième ligne.

La tonique est *la*, la clef étant suivie de trois dièses.

La mesure contient trois unités binaires, c'est celle à trois temps.

A cause de l'intervalle de quarte par lequel commence cette formule, elle offre une certaine difficulté d'intonation; mais, en faisant attention aux accords qui la composent, on parviendra assez vite à la bien chanter.

QUINZIÈME LEÇON.

Accord de septième sensible.

Voici, dans la formule XV, un nouvel accord de septième; il a la sensible pour son générateur; delà son nom, ACCORD DE SEPTIÈME SENSIBLE.

Sa composition.

Il est composé de la sensible, de la sus-tonique, de la sous-dominante et de la sus-dominante, deux tierces mineures surmontées d'une tierce majeure.

Comme tous les accords de septième, il est suspensif.

Il est suspensif.

Sa résolution se fait sur l'accord de tonique, de la manière suivante :

Sa résolution.

La sensible a sa résolution forcée sur la tonique ;

La sus-tonique peut monter à la médiante ou descendre à la tonique ;

La sous-dominante a sa résolution obligée sur la médiante ;

Enfin la sus-dominante a la sienne sur la dominante.

Cet accord est employé dans l'état direct et dans ses trois renversements (Voir le tableau 24 où cet accord se présente avec sa résolution.)

Ses quatre positions.

Comme dans les autres accords, la note qui se trouve à la basse détermine l'état direct, le premier renversement, etc. ; et, comme dans l'accord de septième dominante, la note supérieure de la seconde, dans les renversements, est la note fondamentale.

Analyse de la formule de l'Accord de septième sensible.

La Clef de la formule XV, que nous étudions, est celle d'Ut, première ligne ; cette note repose donc sur le premier barreau noir. Remarquons qu'en comparant cet *ut* avec celui de la clef de *sol*, nous trouvons qu'il a monté d'une tierce, et que toutes les autres notes ont suivi le même mouvement.

Clef d'ut, première ligne.

La tonique est *si bémol*, puisque la clef est suivie de deux bémols.

La mesure est celle à treis temps, rhythme binaire; nous y voyons paraître la division ternaire des triolets.

Cette formule n'offre aucune difficulté d'intonation.

Vous m'avez demandé, depuis long-temps, à quoi peuvent servir ces trois clefs et leurs diverses positions sur la portée; je vais aujourd'hui satisfaire à votre juste curiosité.

Timbres divers des voix et des instruments.

Il y a des instruments et des voix graves, des instruments et des voix du medium, des voix et des instruments aigus. Ne nous occupons que des voix, et, ce que nous aurons dit des unes, s'appliquera aux autres par analogie.

Deux grandes divisions dans les voix, celles des hommes et celles des femmes.

Il y a d'abord deux grandes divisions dans les voix : celles d'hommes, *basse*, *baryton*, *ténor*, *alto*, et celles de femmes, *contralto*, *soprano* (*). Elles ont pour lien la voix d'*alto*, extrêmement rare, qui est à l'unisson avec le *contralto* et n'a avec elle qu'une légère différence dans le timbre. Nous trouverons (tableau 25) l'étendue des diverses voix, en prenant du grave à l'aigu; il faut donc le lire en commençant par le bas.

Diapason des voix.

Ce que nous y voyons n'a trait qu'aux voix ordinaires dont l'étendue générale est de treize sons,

(*) La *basse-contre* est une variété plus grave de la voix de basse, qui s'appelle aussi *basse-taille*. Le baryton se nomme quelquefois *second ténor*. Le ténor s'appelle aussi *taille*. On donne quelquefois à l'alto et au contralto le nom de *haute-contre*, et le soprano prend celui de *dessus*.

c'est cette étendue que l'on appelle DIAPASON D'UNE VOIX (*). Chaque voix diffère de celle qui lui est supérieure par deux sons de moins au grave et deux sons de plus à l'aigu.

Depuis le son le plus grave de la basse *fa*, au *la* aigu de la voix de soprano, il y a vingt-quatre sons. En n'employant que la clef de *sol*, comme dans le tableau (25), nous voyons quel grand nombre de barreaux supplémentaires il nous faudrait, ce qui serait une nouvelle difficulté pour la lecture.

Portée particulière pour chaque voix, avec clef différente.

On a donc dû assigner une clef particulière à chaque genre de voix, afin que les notes qui en composent l'étendue ne dépassassent que le moins possible les cinq lignes de la portée. Ces cinq lignes se trouvent être comme des fragments détachés de l'échelle générale des sons, à laquelle il faut les rapporter, et qui sont distingués entre eux par des clefs différentes. Cela se verra clairement dans le tableau (26).

Clefs employées pour les diverses voix dans la partition.

La partie de basse s'écrit avec la clef de fa. La partie de baryton se trouve tantôt sur la clef de fa, quand on l'appelle première basse, et tantôt sur la clef d'*ut*, quatrième ligne, quand on l'appelle second ténor. La partie de ténor se trouve sur la clef d'*ut*, quatrième ligne; celles d'alto et de contralto, sur celle d'*ut*, troisième ligne; celles de soprano, sur la clef d'*ut*, première ligne. La clef de *sol* est réservée aux instruments aigus.

Deux clefs seulement

Voilà ce que l'on trouve dans les partitions; mais

(*) On nomme aussi DIAPASON un petit instrument d'acier sur lequel on accorde les instruments. Il sonne le *la* en France et l'*ut* en Italie.

employées dans la musique de salon, etc.

la musique de salon et de concert, les morceaux détachés d'opéras, etc., s'écrivent seulement sur deux clefs, celle de *fa* pour la basse, et celle de *sol* pour toutes les autres voix. Par leur nature même les voix d'hommes chantent une octave au-dessous de la musique écrite.

Clefs maintenant inusitées.

Le cor anglais seulement emploie quelquefois la clef d'*ut*, deuxième ligne; cette clef était autrefois destinée au contralto. Deux autres clefs ne se retrouvent plus que dans l'ancienne musique, celle de *fa*, troisième ligne, employée pour le baryton, et celle de *sol*, première ligne, servant au premier soprano.

Clefs indiquant le nom des notes et le genre de voix.

De tout ce que nous avons vu, nous pouvons conclure que, non-seulement une clef fait connaître le nom des notes, mais qu'elle marque aussi pour quel genre de voix le morceau est écrit. Mais lorsque l'on n'emploie que les deux clefs de *fa* et de *sol*, cette indication disparaît, et l'on est obligé de faire connaître si le morceau est composé pour un ténor ou un soprano, etc. Ceci est surtout indispensable pour les morceaux à plusieurs parties.

SEIZIÈME LEÇON.

Gamme mineure.

Je vous ai déjà dit qu'il y a deux gammes: la gamme majeure, que nous connaissons, et la GAMME MINEURE que nous allons étudier.

Je vous ai dit aussi que ces deux gammes ne diffèrent entre elles que par la position de quelques intervalles. Ce qui caractérise surtout la gamme mineure, c'est qu'à partir de la tonique, la tierce et la sixte sont mineures, au lieu d'être majeures, comme dans la gamme majeure. Les secondes mineures sont aussi disposées d'une manière différente et au nombre de trois au lieu de deux, savoir : de la sus-tonique à la médiante, de la dominante à la sus-dominante et de la sensible à la tonique.

Intervalles qui la distinguent de la gamme majeure.

Entre la sus-dominante et la sensible, il y a une seconde plus que majeure; on l'appelle Seconde augmentée; elle est composée de trois secondes mineures.

Seconde augmentée.

Le renversement de cette seconde nous donnera nécessairement une septième plus que mineure; nous l'appellerons Septième diminuée.

Septième diminuée.

Nous avons aussi une quinte plus que majeure, celle de la médiante à la sensible; c'est celle de Quinte augmentée.

Quinte augmentée.

Elle a nécessairement pour complément une quarte moins grande qu'une mineure, ou Quarte diminuée, de la sensible à la médiante.

Quarte diminuée.

De ceci nous pouvons conclure qu'un intervalle augmenté a pour complément un intervalle diminué, *et vice versâ*, qu'un intervalle majeur en a un mineur pour complément.

Intervalle augmenté et intervalle diminué, complément l'un de l'autre.

Voir du reste le tableau (27) des *intervalles simples* contenus *dans la gamme mineure*. Nous nous servons des mêmes signes monogammiques que pour la gamme majeure, seulement la médiante et la sus-dominante seront traversées d'un petit trait de haut en bas, pour indiquer la tierce et la sixte mineures du mode mineur.

Intervalles simples de la gamme mineure.

Mode majeur et mode mineur.

Ces deux derniers mots nous conduisent à dire qu'on appelle encore la gamme majeure **Mode majeur**, et la gamme mineure **Mode mineur.**

Gammes relatives.

Une gamme mineure ne diffère d'une gamme majeure qui se trouve à une tierce mineure au-dessus que par l'élévation de la dominante, qui est ainsi altérée pour former la sensible du mode mineur. Ces deux **Gammes** sont appelées **relatives**, parce que six cordes communes et la similitude de l'armure établissent nécessairement entre elles un grand rapport.

Je dois en effet vous apprendre que l'altération de la dominante, dont nous venons de parler, ne s'indique pas à la clef, comme dans le mode majeur, mais que le signe qui la fait connaître est répété à chaque mesure où la sensible du mode mineur paraît.

Même armure pour les gammes relatives.

Ainsi, l'armure de la clef, dans le mode mineur, étant la même que celle du relatif majeur, rien n'indique donc le mode mineur, si ce n'est quand la dominante du mode majeure est élevée pour devenir sensible du mode mineur, en formant le seconde augmentée. Mais quand la sensible ne se fait pas entendre, il n'y a que le sentiment qui puisse conduire à distinguer le mineur du majeur; le premier produit une vague impression de tristesse étrangère au second.

Connaître la tonique d'après l'armure de la clef.

Nous pouvons cependant poser en principe que :

1° Si la clef n'est suivie ni de dièses ni de bémols, la tonique est *ut majeur*, ou *la mineur*, son relatif;

2° Si la clef est armée de dièses, le *dernier dièse* est la *sensible* si le *mode* est *majeur*, ou la *sus-tonique*, si le *mode* est *mineur*;

3° Si la clef est accompagnée de bémols, le *dernier bémol* est la *sous-dominante ;* si le *mode* est *majeur*, ou la *sus-dominante;* si le *mode* est *mineur ;* d'une autre manière, *l'avant-dernier bémol* est la *tonique*, si le *mode* est *majeur*, et la *médiante*, si le *mode* est *mineur*.

Voici l'exception aux règles que nous avions posées pour la recherche de la tonique, à l'aide de l'armure de la clef; c'est ce choix qu'il y a à faire entre le mode majeur et le mode mineur.

Analyse de la formule de la Gamme mineure.

La formule XVI est formée de la gramme mineure. La tierce, de la tonique *la* à la médiante *ut*, et la sixte, de la tonique *la* à la sus-dominante *fa* sont l'une et l'autre mineures. Nous rencontrons la seconde augmentée de *fa*, sus-dominante, à *sol dièse*, sensible.

Il faut étudier avec soin cette formule, contenant les principales intonations du mode mineur, et surtout la seconde augmentée, tant en montant qu'en descendant.

Tonique LA mineur.

La clef n'étant suivie ni de dièses, ni de bémols, et le *sol* qui serait dominante, si le mode était majeur, étant élevé par un dièse, nous pouvons conclure que la TONIQUE de cette formule est LA MINEUR, relative d'*ut* majeur.

DIX-SEPTIÈME LEÇON.

Analyse de la formule de l'Accord mineur et de la Liaison des accords dans le mode mineur.

Accord mineur.

La formule XVII, composée d'un air bien connu, est propre à nous rappeler l'accord mineur; dès la deuxième mesure nous le voyons, et il paraît aussi dans les accords brisés qui terminent la formule.

Tonique, sol mineur.

La clef est suivie de deux bémols; donc la tonique serait *si bémol majeur*, si le mode était majeur; mais en poursuivant, nous trouvons la dominante *fa* élevée pour en faire une sensible, et nous en conclurons que la Tonique est Sol mineur, et l'accord de tonique *sol, si bémol, ré.*

Trois ordres des accords du mode mineur.

Les accords qui terminent cette formule nous fournissent l'occasion d'appliquer, dans le mode mineur, les règles que nous avons données, dans le mode majeur, pour la liaison des accords; c'est-à-dire que la succession d'accords ayant entre eux une corde commune est facile et plaît à l'oreille.

Dans les cinq premières mesures de vocalises, l'accord de tonique étant dans l'état direct, nous avons le *premier ordre des accords.*

Dans les cinq mesures qui suivent, l'accord de tonique est dans le premier renversement, c'est le *deuxième ordre des accords.*

Les cinq dernières mesures nous font connaître le *troisième ordre des accords*, parce que l'accord de tonique est dans le second renversement.

Remarquons que, comme dans le mode majeur, nous n'employons que l'accord de tonique, celui de dominante et celui de sous-dominante, et que les parties qui ne restent pas en place ne descendent ou ne montent que d'une seconde.

Analyse de la formule de la Gamme mineure des solfèges.

Gamme mineure des solfèges.

La gamme mineure, telle que nous venons de l'exposer est celle reconnue par les musiciens logiques et par une puissante autorité, le Conservatoire. Mais beaucoup de personnes s'obstinent à conserver un mélange de plusieurs gammes qu'elles donnent pour la gamme mineure. Elles ont pour but, disent-elles, de détruire la seconde augmentée, comme d'une intonation *dure et difficile;* elles privent ainsi la gamme mineure d'un intervalle caractéristique et qui contribue beaucoup à lui donner cet air de vague et de tristesse dont elle est généralement empreinte.

Pour nous, reconnaissant la gamme mineure telle qu'on commence généralement à l'admettre, nous ne l'étudierons pas moins telle qu'on la présente, selon l'ancien système, pour que rien ne nous soit étranger, et c'est dans ce but que j'ai mis, dans mon recueil de planches, la formule XVIII qui nous présente la gamme mineure des solfèges, et un exercice relatif à cette gamme.

Examen critique de cette gamme.

Examinons-la attentivement, et nous verrons tout d'abord qu'elle est différente en montant et en descendant.

En montant, la pentacorde *la-mi* appartient au ton de *la mineur;* le tétracorde *mi, fa* ♯, *sol* ♯, *la,* qui suit fait partie du ton de *la majeur.*

En descendant, la gamme part de la sus-dominante pour se terminer, une octave au-dessous, à la sus-dominante du ton d'*ut majeur.*

On trouve cette même gamme mineure avec d'autres variantes, mais celle-ci est la plus usitée. Que penser d'une gamme composée de trois morceaux de gammes différentes? Pourquoi ne pas admettre une seule et unique gamme mineure, de même qu'il n'y a qu'une seule gamme majeure?... C'est ce que nous ferons, nous, en attendant l'assentiment unanime, et le type de toutes les gammes mineures sera celle de *la mineur*, comme celle de son relatif *majeur, ut*, est le type des gammes majeures.

Accord de septième diminuée.

Nous avons vu, dans le tableau des intervalles simples de la gamme mineure, que la septième prise sur la sensible est moins que mineure, qu'elle est *diminuée.* Il en résulte qu'un accord qui a les notes de cette septième pour extrêmes est un ACCORD DE SEPTIÈME DIMINUÉE.

Nous voyons, dans le tableau (28), cet accord avec ses trois renversements et sa résolution. C'est sur l'accord de tonique que celle-ci s'opère. Cet accord est particulier au mode mineur. Ses renversements contiennent la seconde augmentée; nous savons en effet qu'un intervalle diminué a pour complément un intervalle augmenté, et que la septième a pour complément une seconde.

Analyse de la formule de l'Accord de septième diminuée.

Examinons la formule XIX qui contient l'accord de septième diminuée.

La clef, celle d'*ut* première ligne, est suivie de trois dièses, donc la tonique serait *la*, si le mode était majeur; mais nous trouvons le *mi* affecté d'un dièse, ce qui l'élève pour en faire la sensible dans le mode mineur, et nous concluons que la TONIQUE est FA ♯ MINEUR. Tonique FA ♯ mineur.

Nous trouvons plusieurs fois, dans cette formule, le sixième (demi-croche) pointé, suivi d'un douzième (quart de croche). Nous aurons pour cette décomposition, les syllabes BÉ-É, LÉ; BI-I, LI; BO-O, LO; suivant qu'il s'agira du premier, du second ou du troisième tiers.

L'intonation de cette formule n'offre aucune difficulté.

Remarquons dans les tableaux (19 et 27) des intervalles simples de la gamme majeure et de la gamme mineure, que l'accord de septième dominante a une semblable composition dans les deux modes; qu'il est formé d'une tierce majeure surmontée de deux tierces mineures. Cette remarque nous sera utile pour la modulation à la même base, que nous étudierons bientôt. Accord de septième dominante semblable dans les deux modes.

DIX-HUITIÈME LEÇON.

La formule XX est destinée à nous faire connaître quelques ornements du chant, ceux le plus généralement usités. Elle est accompagnée de chiffres correspondants aux divers alinéas de cette leçon.

Syncope.

1. Lorsqu'une note commence au temps faible pour venir finir au temps fort, il y a Syncope, coupure, déplacement de l'accent. Une note *syncopée* s'attaque franchement, et on laisse le son faiblir graduellement; on l'exécute comme si elle était précédée d'une légère hésitation. Il faut bien se garder d'enfler le son lorsqu'arrive le temps fort ; cette manière antique et lourde d'exécuter la syncope lui enlève tout son effet, tout son charme.

Ne pas confondre une note prolongée et une syncope.

Il ne faut pas confondre une note prolongée avec une syncope; celle-ci commence sur un temps faible pour se porter sur un temps fort, tandis que la note prolongée part d'un temps fort pour se porter sur un temps faible; il faut qu'il y ait déplacement d'un temps fort pour qu'il y ait syncope.

Appogiature.

2. Du verbe italien *appogiare*, appuyer, on nomme Appogiature un ornement de la mélodie qui consiste dans une petite note placée au-dessus ou au-dessous d'une note arrivant sur un temps fort, et à laquelle elle enlève une partie de sa valeur, généralement la moitié, quand cette note se divise en deux, et les deux tiers, quand elle se divise en trois. C'est

donc un retard de cette seconde note qui est seule obligatoire et qui doit toujours pouvoir être substituée à l'appogiature. Comme l'indique son nom, on appuie sur l'appogiature, pour venir poser doucement la voix sur la note retardée.

3. Quelquefois l'APPOGIATURE est DOUBLE, c'est-à-dire qu'elle est composée de la note au-dessus et de la note au-dessous de celle retardée; à elles deux elles doivent avoir la même valeur que si l'appogiature était simple. Double appogiature.

4. Quelquefois aussi l'*appogiature* se fait *à un intervalle plus grand qne celui de seconde;* c'est quand la note formant appogiature a déjà été entendue sur le temps faible précédent. Autre sorte d'appogiature.

Les compositeurs ont généralement pris l'habitude d'écrire les appogiatures en notes ordinaires; ils évitent par là de voir leur intention dénaturée, et les appogiatures confondues avec les *petites* notes dont nous allons parler. Dans la formule XVIII, aux chiffres 3 et 4, nous avons des exemples d'appogiatures écrites avec des grosses notes.

5. Les PETITES NOTES ou NOTES DE GOUT diffèrent des appogiatures en ce qu'elles doivent être chantées avec vitesse et légèreté; elles peuvent se trouver sur des temps faibles aussi bien que sur des temps forts. On les distingue souvent dans l'écriture par une petite barre qui traverse obliquement la queue de la petite note. Petites notes, ou notes de goût.

6. On nomme GROUPE un assemblage de plusieurs petites notes qui en précèdent une de plus grande durée; elles doivent être chantées avec une élégante légèreté; elle se marquent en abrégé par le signe ∽. Groupe.

7. Nous connaissons, depuis longtemps, le signe Détaché.

nommé *coulé*, qui indique que plusieurs sons doivent se lier ensemble. Lorsque le compositeur veut au contraire séparer les notes, il les surmonte d'un point, et on donne le nom de DÉTACHÉ à cette sorte d'accentuation. Chaque note, attaquée franchement, est laissée aussitôt, et comme suivie d'un léger silence.

Piqué.

Lorsque le détaché doit être plus sec encore, ce que l'on nomme PIQUÉ, chaque note est surmontée d'un point allongé.

Fioritures.

Il est d'autres ornements de chant dont nous ne parlons pas, *le trille*, *la roulade*, *le port de voix*, etc. Mais leur étude regarde spécialement une partie de la musique à laquelle nous nous préparons dans ce Cours, le *chant* proprement dit, dont nous ne possédons que des notions. Tous les ornements du chant prennent le nom générique de FIORITURES.

Nous reviendrons à cette formule XX, qui, dans la leçon prochaine, nous fournira matière à de nouvelles explications.

DIX-NEUVIÈME LEÇON.

Un morceau d'une certaine longueur, s'il restait toujours dans la même gamme, ou dans un seul ton (*), produirait l'effet ennuyeux que rend exactement le mot *monotonie* (Μόνος *seul* et τόνος *ton*). Il faut donc, pour éviter cette uniformité, passer d'une gamme à une autre, c'est-à-dire prendre une tonique plus élevée ou plus basse que celle indiquée à la clef du morceau.

Moduler et modulation.

On appelle Moduler, ce passage d'une gamme à une autre, et Modulation, l'action par laquelle ce changement s'opère, à une gamme plus ou moins éloignée, sans avoir égard au mode de ces gammes.

On ne devrait donner le nom de *modulation* qu'au changement de *mode*, car, dans ce cas seul, on *module* véritablement. Quand on passe d'une tonique majeure à une autre tonique majeure, on ne fait que prendre, pour point de départ de la gamme,

Acceptions diverses du mot *ton*.

(*) Ne craignant plus que l'emploi de ce mot *ton* vienne nous apporter aucune confusion dans les idées, nous l'emploierons comme synonyme de *tonique*, ainsi qu'on le fait généralement. Le mot *ton* est dit souvent comme synonyme de *seconde*, et celui de *demi-ton* pour *seconde mineure*; par exemple de *ut* à *ré* il y a un *ton*, et de *mi* à *fa* il y a un *demi-ton*. Nous n'emploierons pas cette vicieuse manière de parler.

un degré plus ou moins élevé dans l'échelle générale des sons ; la gamme n'en est pas moins semblable; il y a donc simple *mutation*. Il en est de même du passage d'une gamme mineure à une autre gamme mineure. Mais l'usage général donne à ces mutations le nom de modulation, et nous sommes obligés de l'adopter.

Accords intermédiaires.

Pour moduler, en harmonie, on se sert d'Accords intermédiaires. Leur fonction est d'adoucir le passage d'une gamme à une autre. Rarement on peut s'en passer. Quelquefois un seul accord suffit, et c'est généralement celui de septième dominante du ton dans lequel on veut aller, à cause de la propriété qu'il a de se résoudre sur l'accord de tonique.

Dans quels cas deux gammes peuvent se lier.

Plus deux gammes ont de cordes communes, plus le passage d'une gamme à l'autre est doux et aisé.

Modulation à la dominante.

Une modulation qui se présente le plus naturellement en remplissant cette condition, est celle prise sur la dominante ou à la quinte supérieure du point de départ. Examinons ce qui arrive alors.

Nous savons que toute gamme majeure est composée sur le même modèle, c'est-à-dire de deux secondes majeures, une seconde mineure, trois secondes majeures, et enfin une seconde mineure. La gamme de *sol* doit être ainsi composée. De *sol* à *la* et de *la* à *si*, deux secondes majeures; de *si* à *ut*, une seconde mineure; de *ut* à *ré* de *ré* à *mi*, deux secondes majeures. Tout est semblable jusqu'ici, mais de *mi* à *fa*, une seconde mineure au lieu d'une majeure, et de *fa* à *sol*, une seconde majeure au lieu d'une mineure. Si, par le moyen d'un dièse, nous élevons d'une seconde mineure l'intonation du *fa*, nous aurons fait la gamme de *sol* en tout semblable à la gamme d'*ut*, car de *mi* à *fa dièse* il y aura une seconde majeure, et de *fa dièse* à *sol* il y aura une seconde mineure. Nous conclurons donc de ceci que pour passer de la gamme d'*ut* à la gamme de *sol*, il faut élever le *fa* par un dièse (Voir tableau 29, n° 1.)

Principe de la modulation à la dominante.

Remarquons qu'en faisant cette modulation à la quinte supérieure ou à la dominante, il nous a fallu élever la sous-dominante du ton primitif, pour en faire une sensible du nouveau ton. Si nous continuons à faire une suite de modulations à la dominante, comme nous verrons toujours la même chose se reproduire, nous pourrons poser le principe général suivant :

Pour moduler à la dominante, il faut élever la sous dominante de la gamme que l'on quitte, pour qu'elle devienne sensible de la gamme dans laquelle on veut entrer. Et par *élever*, nous entendons tantôt mettre un dièse, tantôt supprimer un bémol.

Analyse des formules de Modulation à la dominante.

Formule XXI.

Ceci bien compris, passons à l'examen de la formule XXI. Elle est écrite avec la clef de *sol*, et cette clef n'est suivie d'aucun accident ; nous reconnaissons que la tonique est *ut majeur*. Ceci nous paraît juste jusqu'au mot *fin*, mais à partir de là nous voyons d'abord les notes *ré*, *si*, *ré*, *sol*, lesquelles font partie de l'accord de dominante du ton d'*ut* et qui, si nous avons fait une modulation à la dominante, deviennent les notes de l'accord de la nouvelle tonique *sol*. Quelques notes après celles que nous venons de citer, le *fa* apparaît, mais il est dièsé ; il n'est donc plus sous-dominante, mais bien sensible, et ceci nous confirme dans le ton de *sol* qui pouvait ne pas apparaître, après les notes d'accord, *sol*, *si*, *ré*, dont nous avons parlé. Le *fa* continue à être dièsé et la seconde partie de la formule XXI est donc bien en *sol*, modulation à la dominante du premier ton.

A la dernière mesure, nous trouvons l'accord *sol*, *si*, *ré*, *fa bécarre*; c'est celui de septième dominante du ton d'*ut* qui est l'accord intermédiaire qui nous ramène au ton primitif.

Remarquons, avant de quitter cette formule, que le premier dièse qui apparaît, en modulant à la dominante, est le *fa*. le premier de la série des dièses *fa*, *ut*, *sol*. etc.

Formule XX. Pour que la modulation à la dominante existe, il n'y a pas besoin que la sensible apparaisse, si l'on reste quelque temps sur les notes principales de cette nouvelle tonique, c'est-à-dire celles de l'accord de tonique. Nous avons un exemple de cette sorte de modulation dans la formule XX à laquelle nous avons dit que nous reviendrions.

La tonique est *sol* majeur, dans la première partie. Dans la seconde, commençant au *la*, blanche suivie d'un groupe, les notes de l'accord *ré*, *fa dièse*, *la*, apparaissent souvent. Comme elles sont accompagnées d'autres notes faisant partie de la gamme de *ré*, nous en pouvons conclure que nous modulons à la dominante, quoique la sensible n'apparaisse pas. Cette sensible serait *ut dièse*, la sous-dominante élevée du ton de *sol*.

Ce qui nous confirme dans cette modulation,

c'est la puissance de la tonalité qui nous entraîne au repos sur le *ré* comme sur une tonique, propriété réelle de cette note. C'est ainsi que le sentiment nous dirige quand les signes indiquant la tonalité n'apparaissent pas. Ceci deviendrait évident si l'on écrivait un accompagnement à ce morceau, et la sensible, ou les accords dont elle ferait partie seraient indispensablement employés. Souvent nous serons ainsi obligés de consulter notre oreille pour reconnaître la tonalité.

A partir du ton d'*ut* la première modulation à la dominante nous conduit en *sol*, la seconde en *ré*. Remarquons ici que le second dièse qui apparaît, *ut*, est le second de la série de l'ordre des dièses.

Génération des dièses.

En continant ainsi à faire une suite de modulations à la dominante, nous verrions apparaître les dièses à la sensible dans l'ordre connu *fa*, *ut*, *sol*, *ré*, *la*, *mi*, *si*. Nous verrions pourquoi la tonique est la note au-dessus du dernier dièse placé à la clef, et nous nous apercevrions que les dièses servent à rendre les secondes des gammes qui les emploient égales à celles de la gamme d'*ut* et disposées comme elles, dans le mode majeur; ils remplissent semblable fonction dans le mode mineur.

VINGTIÈME LEÇON.

Continuons à parcourir les règles qui régissent les modulations.

Une modulation est fixe ou passagère.

Modulation fixe.

Une **Modulation** est **fixe** quand on reste pendant un certain temps dans le nouveau ton avant de revenir au ton primitif ou de faire une nouvelle modulation.

Modulation passagère.

La **Modulation** n'est que **passagère**, si on la quitte aussitôt pour moduler dans un troisième ton; dans ce cas la modulation tient souvent lieu d'accord intermédiaire.

Ton principal ou primitif.

On nomme **Ton principal ou primitif** celui dans lequel un morceau est exposé; c'est celui qu'indique l'armure de la clef; il doit reparaître dans le courant du morceau, si celui-ci a une certaine étendue, et toujours le terminer. Les nouveaux tons qui apparaissent proviennent de modulations.

Dièses et bémols constitutifs et accidentels.

Les dièses ou les bémols formant l'armure de la clef se nomment **Dièses ou bémols constitutifs.** Ceux qui apparaissent dans le courant du morceau et qui indiquent les modulations, se nomment **Accidentels.**

Remarques sur le bécarre.

Le bécarre remplit tantôt l'effet du dièse et tantôt l'effet du bémol. Nous le reconnaîtrons, en examinant que: en détruisant l'effet du dièse, il abaisse l'intonation de la note qui était diésée et agit donc comme un bémol; ou en détruisant l'effet d'un bémol, il élève l'intonation de la note qui était bémolisée, et agit alors comme un dièse. Voilà le rôle qu'il joue dans les modulations.

Modulation à la sous-dominante.

Nous avons posé en principe que, plus deux gammes ont de cordes communes, plus elles se lient facilement. Dans ce cas se trouve une gamme élevée sur la sous-dominante d'un ton quelconque, parce qu'elle a six cordes communes avec ce ton.

Partons encore de la gamme d'*ut*, où toutes les notes sont naturelles, pour mieux voir quelle corde est altérée pour établir la modulation. La sous-dominante d'*ut* est *fa*. Pour qu'il existe une seconde mineure entre la médiante *la* et la sous-dominante *si* de cette nouvelle tonique, il nous faut, au moyen d'un bémol, abaisser l'intonation du *si;* nous aurons donc *si bémol* pour sous-dominante du ton de *fa*, et toutes les autres notes seront communes aux gammes de *fa* et d'*ut* (Tableau 29, n° 2). Nous ferons, en allant d'*ut* à *fa*, une modulation à la sous-dominante, et la sensible du ton primitif sera abaissée pour en faire la sous-dominante du ton dans lequel nous entrons.

Principe de la modulation à la sous-dominante.

Ce dont nous avons ici un exemple se reproduisant quand nous faisons ne suite de modulations à la sous-dominante, nous pouvons poser pour principe que :

Pour moduler à la sous-dominante, il faut baisser la sensible de la gamme que l'on quitte, pour en faire la sous-dominante de celle dans laquelle on veut entrer.

Analyse des formules de Modulation à la sous-dominante.

Formule XXII.

Nous avons un exemple de modulation à la sous-dominante dans la formule XXII. La première partie est en *ut*. Dans la phrase qui vient ensuite, nous voyons d'abord les notes *ut*, *fa*, *la* formant l'accord de sous-dominante du ton d'*ut* ou l'accord de tonique du ton de *fa*. Mais la sensible du ton d'*ut*, *si*, parait bientôt bémolisée et nous fait connaître que nous avons modulé à la sous-dominante *fa*.

A la dernière mesure, le bécarre nous ramène dans le ton primitif, en faisant de la sous-dominante du ton de *fa* une sensible pour le ton d'*ut*. En revenant au ton primitif nous faisons donc une modulalation à la dominante. De même, après avoir fait une modulation à la dominante, nous en faisons une à la sous-dominante pour reprendre le ton primitif.

Remarquons que le premier bémol qui apparaît, en passant d'*ut* en *fa* est le *si*, le premier de la série des bémols.

Formule XXIII. Souvent une modulation à la sous-dominante existe, sans que pour cela la sous-dominante se soit fait entendre. Les notes de l'accord de tonique principalement et les autres notes de la nouvelle gamme répétées plusieurs fois, suffisent à l'oreille pour établir une modulation et faire naître une nouvelle tonalité.

Nous avons un exemple de ceci dans la formule XXIII, où la sous dominante ne paraît pas. La tonique est *fa* majeur; mais dans les huit mesures qui commencent à ces mots : « *c'est le*, » nous modulons bien certainement à la sous-dominante *si bémol*, quoique la sensible du ton primitif ne paraisse pas abaissée pour en faire une sensible du nouveau ton, mais les notes de l'accord de tonique *si bémol*, *ré*, *fa*, répétées plusieurs fois suffisent à elles seules pour établir le sentiment de la nouvelle tonalité.

Nous revenons en *fa*, en prenant le premier motif du chant de la formule.

Remarquons que le bémol qui serait apparu, dans la formule que nous étudions, serait le *mi*, second de la série des bémols. En continuant ainsi une suite de modulations à la sous-dominante, nous verrions naître tous les bémols dans l'ordre connu, *si*, *mi*, *la*, *ré*, *sol*, *ut*, *fa*.

Génération des bémols.

Dans les gammes qui emploient les bémols, ceux-ci servent donc à rendre ces gammes semblables à celles d'*ut* ou de *la*, suivant qu'il s'agira du majeur ou du mineur.

VINGT-UNIÈME LEÇON.

Analyse de la formule de Modulation à la sus-dominante.

La modulation qui se présente le plus naturellement, après celles à la dominante et à la sous-dominante, c'est une Modulation prise sur la sus-dominante. Ici il y a réellement modulation, parce que le mode est changé, et l'on passe du mode majeur au mode mineur. Les deux tons ont la même armure et sont relatifs l'un de l'autre, comme nous l'avons vu dans la 16e leçon, en parlant du mineur, et nous savons aussi qu'ils ne diffèrent que par un seul accident, et ont par conséquent six cordes communes.

Modulation à la sus-dominante, ou au mineur relatif.

Par exemple, la première phrase de la formule XXIV est en *si bémol* majeur, la clef étant suivie de deux bémols, et la dominante n'étant pas altérée. Mais dans la seconde phrase, la dominante *fa* étant élevée pour en faire une sensible, la tonique est *sol* mineur; il y a donc ici modulation à la sus-dominante du ton primitif, c'est-à-dire à une tierce inférieure mineure. *Sol mineur* est donc le relatif mineur de *si bémol* majeur.

Modulation au majeur relatif.

Dans cette même formule XXIV, nous revenons au ton primitif en baissant la sensible du ton mineur et reprenant la première phrase, ce qui se fait par une MODULATION AU MAJEUR RELATIF.

Principe de modulation au relatif mineur.

D'après tout ce que nous venons de voir, posons pour principe que :

Pour moduler à la sus-dominante, ou au relatif mineur, il faut *élever la dominante du ton que l'on quitte, pour en faire la sensible du ton dans lequel on entre.*

Principe de modulation au relatif majeur.

Réciproquement, pour moduler, en partant d'un ton mineur, à son relatif majeur, il faut :

Baisser la sensible du ton que l'on quitte, pour qu'elle devienne dominante du ton dans lequel on entre.

Analyse de la Modulation au mineur même base.

Modulation au mineur même base.

Il est une autre MODULATION appelée AU MINEUR MÊME BASE. La tonique est la même, mais le mode est différent; ainsi, par exemple, *ut* majeur et *ut* mineur. Ces deux toniques ne diffèrent entre elles, comme nous devons nous en douter, que par la première tierce et la première sixte qui sont majeures en *ut* majeur, et mineures en *ut* mineur.

C'est pour cette raison que la médiante et la sus-dominante sont appelées CORDES MODALES, parce qu'elles déterminent le mode.

Cordes modales.

Si nous prenons, pour appliquer ceci, la formule XXV, nous verrons qu'*il suffit de baisser d'une seconde mineure le mi et le la, la médiante et la sus-dominante du ton d'ut majeur, pour faire une modulation au mineur même basse, ut mineur;*

Principe de modulation au mineur même base, et

Et réciproquement, *qu'il suffit aussi, dans le mode mineur, de hausser les deux cordes modales pour revenir au majeur même basse*, ici *ut* majeur.

au majeur même base.

La sous-dominante et la sensible, dans le mode majeur, sont appelées CORDES TONALES, parce qu'on ne peut les altérer sans changer la tonique et faire une modulation de l'espèce de celles que j'appellerais mutation, parce qu'il n'y a pas changement de mode.

Cordes tonales.

Terminons ici les notions des règles relatives aux modulations.

On nomme ton principal ou primitif celui indiqué par l'armure de la clef, nous le savons déjà.

On appelle TONS CORRESPONDANTS ceux qui, se rapportant l'un à l'autre, se lient facilement.

Tons correspondants.

Autour d'un ton principal viennent se grouper six nouveaux tons, qui ne diffèrent du premier, dans l'armure de la clef, que d'un seul accident en plus ou en moins, ou qui ont la même armure que lui; ce sont les correspondants de ce ton. Etudions-les d'abord dans le majeur, en partant d'*ut* comme ton principal, et examinant le tableau (30).

Six tons correspondants.

1er Correspondant,	*sol majeur*, ...	dominante;
2e —	*fa majeur*, ...	sous-dominante;
3e —	*la mineur*, relatif d'*ut*,	sus-dominante;
4e —	*ut mineur*, ...	même base;
5e —	*mi mineur*, relatif de *sol*,	médiante;
6e —	*ré mineur*, relatif de *fa*.	sus-tonique;

Il n'y a donc que la sensible qui ne fournisse pas une nouvelle tonique, parce qu'il y apparaîtrait l'accord de quinte mineure, *si*, *ré*, *fa* qui ne peut jamais indiquer ni tonatité, ni repos.

Tons correspondants dans le mode mineur.

Un ton mineur n'a de correspondants que ceux qui appartiennent à son majeur relatif, à l'exception toutefois de la tonique même base, différente dans l'un et l'autre mode. C'est ce que nous pouvons facilement voir dans le tableau (31) où les modulations d'*ut* majeur sont comparées à celles de son mineur relatif, *la*.

Succession enharmonique.

On appelle Succession enharmonique celle de deux notes presque semblables à l'oreille, mais différemment écrites, par exemple *ut dièse* et *ré bémol*, notes que l'on fait avec la même touche sur le piano, le même doité sur la flûte, etc., mais entre lesquelles il y a cependant la différence d'un léger intervalle nommé Comma, résultant de la différence de propension du dièse et du bémol, et évalué environ au cinquième d'une seconde majeure (vulgairement parlant, un cinquième de ton). Partout où une semblable succession a lieu, soit dans les intervalles, soit dans les accords, il y a *enharmonique*, et il suffit pour cela qu'une seule note éprouve ce changement dans un accord.

Comma.

Modulation enharmonique.

Quand on fait usage de ce moyen pour passer d'une gamme à une autre, on fait une Modulation enharmonique; nous n'en indiquerons par les règles ici.

Nous ne parlerons pas non plus de plusieurs autres modulations éloignées, parce qu'elles ne font pas partie de l'harmonie élémentaire, et nous nous bornerons à ce qui précède.

VINGT-DEUXIÈME LEÇON.

En, musique il y a deux genres, le *genre diatonique* et le *genre chromatique*.

Le Genre diatonique est celui que nous avons étudié jusqu'à présent. Dans ce genre, les secondes mineures se trouvent, dans la gamme majeure, de la médiante à la sous-dominante et de la sensible à la tonique; et dans le mode mineur, elles sont placées de la sus-tonique à la médiante, de la dominante à la sus-dominante, et enfin de la sensible à la tonique. Toutes ces secondes mineures sont écrites *sur des barreaux différents*, et les deux notes qui les forment portent aussi des noms différents. Genre diatonique.

Le genre chromatique ne procède que par secondes mineures, sans mélange de secondes majeures. On y rencontre des notes ayant le même nom, formant des secondes mineures écrites *sur des barreaux semblables*, comme *ut*, *ut dièse*, *ré*, *ré bémol*, etc. Il n'y a peut-être pas de morceaux écrits entièrement dans le genre chromatique, mais dans la musique moderne les deux genres sont presque toujours mélangés. Genre chromatique.

Cette succession de secondes mineures se fait généralement au moyen des dièses en montant, et des bémols en descendant, à cause despropensions soit à monter, soit à descendre que marque l'un ou l'autre de ces signes ; c'est ainsi que nous écrirons la Gamme chromatique, au tableau (32.) Gamme chromatique.

Pour chanter cette gamme avec justesse, nous considèrerons chaque note altérée par un dièse comme remplissant les fonctions de sensible pour la note plus élevée qu'elle ; en descendant au contraire, chaque note bémolisée sera comme une sous-dominante qui vient se résoudre sur la médiante.

Analyse de la formule du Chromatique.

La Formule XXVI est destinée à nous apprendre comment il faut étudier les passages chromatiques. Pour aider dans ce travail, j'ai mis sur chaque note un signe monogammique représentant la nouvelle propriété sous laquelle il faut l'envisager fictivement, pour lui donner la justesse d'intonation.

On verra aussi dans cette formule que le bécarre, à cause de la double propriété que nous lui avons reconnue, paraît dans le chromatique.

Ces règles bien simples et entièrement pratiques, nous rendront faciles toutes les études que les méthodes consacrent aux *demi-tons*.

Les musiciens sont peu d'accord sur la partie théorique du genre chromatique, c'est pour cela que je me suis abstenu d'envisager le sujet sous cette face.

VINGT-TROISIÈME LEÇON.

Une des plus grandes difficultés de la Musique, aussi bien pour les chanteurs que pour les instrumentistes, c'est de savoir où il faut respirer dans un morceau de musique. Peu de personnes ont cette connaissance, parce qu'elles n'ont nulle idée de la phrase musicale. Comment du reste pourrait-il en être autrement? Trop souvent, par malheur, on ne leur a pas même dit qu'elle existât !

De même cependant que la période oratoire se divise en *membres* et *incises*, de même la phrase musicale se divise en membres et incises; les noms seuls sont changés. Les signes de ponctuation grammaticale peuvent servir à diviser la phrase musicale; chacun de ces signes prendra un nom différent aussi, mais équivalant au *point*, à la *virgule*, etc.

On conçoit, d'après cela, que le chanteur qui s'arrêterait pour prendre haleine mal à propos, ressemblerait à un lecteur qui, récitant le début de l'*Art poétique*, couperait les vers aux endroits où j'ai mis des virgules :

« C'est en vain qu'au, Parnasse un téméraire, auteur
Pense de l'art, des vers..... »

L'effet produit par le chanteur peu instruit, dont nous venons de parler, serait certainement pitoyable, et les chants les plus heureux, les mélodies les plus gracieuses seraient par lui défigurées et tout à fait méconnaissables.

Pour que vous ne tombiez pas dans des erreurs pareilles, nous allons étudier la phrase musicale, et c'est par là que nous terminerons ce Cours de musique.

Dessin.

On nomme DESSIN une petite idée mélodique qui est la plus petite division de la phrase musicale. Pour bien comprendre ceci, prenons une des phrases de la formule XVIII que nous allons analyser mélodiquement. Nous voyons (33) deux de ces petites idées mélodiques, ou *dessins*; en les chantant attentivement, nous devons sentir après chacune d'elles un léger repos.

Quart de cadence.

Ce repos se nomme QUART DE CADENCE, et il correspond à la *virgule* par laquelle nous l'indiquerons.

Membre.

La réunion de plusieurs dessins, et quelque fois même un seul dessin un peu long forme une autre partie de la période musicale nommée MEMBRE.

Demi-cadence.

Après chaque membre, on sent un repos plus fort qu'après un dessin. Il prend le nom de DEMI-CADENCE, et nous le marquerons par le *point et virgule*. Nous avons (34) pour exemple un membre formé des deux dessins que nous venons de voir.

Période.

On nomme PÉRIODE un tout composé de plusieurs membres. On trouve alors un sens complet et l'oreille ne demande plus rien. Comme il n'y a qu'une seule note dans la gamme qui indique ce repos, la *tonique*, la période se termine nécessairement par elle, et toujours sur un temps fort, à moins qu'une appogiature ne vienne la rejeter sur un temps faible, mais nous savons bien que l'appogiature ne fait que retarder l'arrivée de la tonique.

Cadence parfaite, ou cadence.

Le repos qui termine la période se nomme CADENCE PARFAITE, ou simplement CADENCE. Nous la marquerons par un *point*.

Analyse mélodique de de la formule XVIII.

Si nous analysons maintenant en entier la formule XVIII, nous verrons qu'elle est composée d'une première période, formée de deux membres, n'ayant qu'un seul dessin, et d'une seconde période qui a deux membres renfermant chacun deux dessins. Les signes de ponctuation distinguent bien clairement les uns et les autres.

Période suivie de ¾ de cadence.

Quelque fois une période se termine sur une tonique, mais qui n'est pas celle indiquée par l'armure de la clef; ceci arrive quand on a fait une modulation. A cause du besoin que sent l'oreille de revenir à la tonique qu'elle a entendue d'abord, le repos qui suit la période dont nous parlons n'est pas parfait; nous l'appellerons TROIS-QUARTS DE CADENCE, et nous le ponctuerons par *deux points*. Nous avons des exemples de cette espèce de période, et du repos qui les suit dans les formules XX, XXI, XXII, etc.

Cadence interrompue.

Souvent un compositeur, soit pour réveiller l'attention des auditeurs, soit pour développer une phrase trop courte, fait ce qu'on appelle une CADENCE INTERROMPUE. Cela a lieu quand, au lieu de se reposer sur la tonique que l'on attend, on s'arrête sur une autre note; ou bien encore, quand de la tonique on saute sur une autre note. Nous avons, formule XI, deux exemples de cette espèce de suspension que nous ponctuerons aussi par des *points de suspension*.

Récapitulons ici les signes de la ponctuation musicale.

Après le dessin, ...	*quart de cadence*, ...	,
Après le membre, ...	*demi-cadence*, ...	;
Après la période non finale,	*trois-quarts de cadence*, . .	:
Après la période finale, . . ,	*cadence*, ...	.
Après la	*cadence interrompue*, . .	....

Respiration.

La connaissance de la phrase musicale nous conduit à la partie si importante de l'art du chanteur, la RESPIRATION; et cet art regarde aussi l'instrumentiste, car il doit faire sentir les repos qu'indique la phrase musicale.

Aspiration et expiration.

La respiration se compose de deux parties, l'aspiration et l'expiration. Par l'*aspiration*, on introduit l'air dans les poumons; ceci doit se faire sans efforts, sans bruit. Plus le repos de la phrase musicale est grand, plus on doit aspirer largement. On nomme *expiration* l'action par laquelle on laisse échapper l'air aspiré; c'est un grand talent que de savoir le ménager; jamais il ne faut le faire sortir d'une manière bruyante et désagréable. Exerçons-nous donc à bien respirer en chantant un morceau d'un mouvement un peu large, après l'avoir soigneusement ponctué, et par là nous augmenterons une respiration souvent trop courte.

VINGT-QUATRIÈME LEÇON.

Nous avons défini le *rhythme, la division de l'unité.* Ceci est bon tant qu'il ne s'agit que de la mesure, qui tantôt est binaire, tantôt ternaire. Mais ce mot a une acception plus large que nous allons tâcher d'expliquer.

Rhythme; ce que c'est.

« Le RHYTHME, dit Reicha, dans son Traité de Mélodie, le rhythme est une autre espèce de mesure musicale, et parfaitement comparable aux mesures ordinaires de cet art. Il fait les mêmes fonctions, c'est-à-dire, il fait en grand ce que la mesure fait en petit. La mesure partage en parties égales une suite de temps simples, comme par exemple, des noires dans la mesure à quatre temps; et le rhythme partage en parties égales, et par conséquent d'une manière symétrique, une suite de mesures. D'après cela on peut dire très-bien que les mesures sont des temps du rhythme, comme les noires et les soupirs sont les temps simples d'une mesure. La nature a gravé l'un et l'autre, la mesure et le rhythme, d'une manière imperturbable dans notre sentiment, et elle ne paraît adopter ce qui est beau en musique, particulièrement dans la mélodie, que lorsque ces deux conditions sont absolument observées..... »

Fonctions du rhythme.

« Le rhythme compare le nombre de mesures d'un membre avec le nombre de mesures de l'autre, et cherche à égaliser les mesures sous ce rapport, sans avoir égard à la valeur des notes. Il place les cadences dans des intervalles égaux; il exige presque toujours qu'on les répète, c'est-à-dire qu'on lui donne un Compagnon. Enfin il dispose la proportion des membres par rapport à la quantité de leurs mesures, et les proportions des cadences par rapport à leurs distances. Si, par exemple, un membre d'une période est de quatre mesures, le rhythme exige que le membre suivant n'ait pas plus de quatre mesures; et si après deux mesures une cadence a lieu, il exige qu'après deux mesures, et sur le même temps de la mesure, une nouvelle cadence ait lieu. »

Carrure des phrases.

De ce retour symétrique qu'exige le rhythme naît ce que l'on nomme Carrure des phrases. Pour qu'une phrase soit carrée, il faut que chaque rhythme ait son compagnon, de quelque nombre de mesures qu'il soit composé.

Analyse rhythmique de la formule XI.

Voyons si la formule XI remplit ces conditions.

Elle est formée de trois périodes; après les deux premières il y a une cadence suspendue. Le premier rhythme est composé de trois dessins de deux mesures, et son compagnon a la même composition. Nous exprimerons cela en chiffres de la manière suivante :

	1.er Rhythme.	Son compagnon,
1re Période,	2, 2, 2;	2, 2, 2.....12 mesures.
2e Période,	3, 2;	3, 2.........10 mesures.
3e Période,	2, 2, 2;	2, 2, 2.....12 mesures.

C'est ainsi que nous devons analyser un morceau de musique, pour juger de sa régularité. Mais nous pourrions trouver quelques exceptions dont nous allons parler.

Complément de mesure.

Quelquefois un rhythme est séparé d'un autre par un petit dessin, généralement fait par l'accompagnement, et qui remplit le silence de repos qui divise ces deux rhythmes. On appelle ce petit dessin COMPLÉMENT DE MESURE (36).

Retard de cadence.

On fait souvent, sur la pénultième ou l'antépénultième note d'une mélodie, un repos, nommé *point d'orgue*, et par les Italiens *cadanza*. Il est destiné à permettre au chanteur d'ajouter quelques phrases d'une mélodie non mesurée dont le compositeur laisse généralement l'invention à celui qui l'exécute, mais dont celui-ci ne doit jamais abuser pour y tenter des traits d'une longueur démesurée, et souvent au-dessus de ses forces. Ce point d'orgue, et ce qui le suit, se nomme RETARD DE CADENCE.

Conduit mélodique.

Après une période non finale, celle qui suit une modulation et que sépare trois-quarts de cadence, on met souvent un petit dessin ne comptant pas dans le rhythme, et qui sert à faire rentrer dans le ton primitif et à reprendre une phrase déjà entendue. Nous en avons un exemple dans les formules XX et XXI. Ce dessin se nomme CONDUIT MÉLODIQUE ; il est écrit en petites notes dans la première formule et en notes ordinaires dans la seconde. Il se place quelquefois aussi après une demi-cadence, quand la période commence par un dessin semblable à celui d'une période antérieure.

Echo.

Une partie qui répète un dessin ou une portion de dessin qui a été exécuté par une autre partie, fait ce que l'on nomme un ÉCHO. L'écho ne compte pas dans le rhythme, il doit donc toujours pouvoir être supprimé. Au n° (37) nous avons un exemple d'écho où la partie vocale est répétée par le hautbois.

Coda.

On nomme CODA, une petite phrase qui peut avoir ses dessins, etc., qui vient quelquefois terminer un morceau et en confirmer, en quelque sorte, la fin. Elle peut être plus ou moins longue, suivant les dimensions du morceau qu'elle termine, et généralement elle doit en augmenter la chaleur. Nous avons à la formule XII un exemple de coda. La coda n'est pas soumise, quand elle est courte, aux lois du rhythme, et l'on peut généralement la supprimer.

Mesures de supposition.

Dans tous ce que nous venons de dire, nous avons toujours vu de petits dessins venir allonger les phrases. Nous trouvons, dans la formule XXIV, à la seconde période, le premier rhythme composé de cinq mesures, tandis que le second rhythme n'en a que quatre ; il nous manque donc une mesure pour qu'il y ait symétrie. Dans cette occasion, et dans toutes les autres semblables, la dernière mesure du premier rhythme compte pour deux, c'est-à-dire comme mesure finale du premier rhythme et comme initiale du second. Elle se nomme Mesure de supposition. On la verra dans l'exemple (39), et encore mieux à l'exemple (40) où le second rhythme est une seconde partie.

Ici se termine ce que nous nous proposions de vous enseigner sur la phrase musicale que vous devez maintenant bien connaître. — Ici se termine également la seconde partie de mon Cours.

FIN DE LA SECONDE PARTIE.

CONCLUSION.

Voici, MES CHERS ÉLÈVES, notre Cours terminé. Si vous avez suivi exactement les conseils que je vous ai donnés en le commençant, on peut déjà vous classer parmi les bons Musiciens. Mais au point où vous en êtes, il ne faut point vous arrêter. Il vous faut toujours progresser dans la bonne voie où j'ai l'intime conviction de vous avoir conduits.

Si vous voulez encore confier votre direction à celui qui guida vos premiers pas dans la carrière musicale, je me propose de vous faire un COURS DE PERFECTIONNEMENT. Là, en approfondissant des matières que nous n'avons qu'effleurées, nous nous occuperons plus spécialement du *Chant*. Nous étudierons les morceaux d'ensemble les plus remarquables des grands maîtres, et par là nous deviendrons inébranlables dans la mesure et dans l'intonation.

Si vous ne pouvez plus, à mon grand regret, suivre mes enseignements, voici les deux ouvrages que je vous conseille d'étudier pour devenir véritablement musiciens.

C'est d'abord LA MUSIQUE APPRISE SANS MAITRE, *par* E. JUE, *deuxième édition*, 1838; et ensuite, comme lecture musicale principalement, l'ouvrage de B. WILHEM, MÉTHODE DE LECTURE MUSICALE ET DE CHANT ÉLÉMENTAIRE, *édition manuelle*. Voilà les auteurs que je veux moi-même faire suivre dans mon *Cours de perfectionnement* (*).

Mais rappelez-vous que c'est la *tonalité* qui doit continuer à vous servir de guide. Si je n'ai pu vous bien pénétrer de sa puissance, vous marcherez presque en aveugles. Je vous l'ai dit bien des fois, et je le répète encore en terminant :

Celui qui n'a pas le sentiment de la tonalité ne sera jamais un bon musicien.

(*) Je ne connais pas encore l'ouvrage que mon professeur et ami, J. Léopold Heugel, doit incessamment faire paraître, sous le titre de Manuel complet de l'enseignement simultané du Chant. Je ne balance cependant pas à vous le recommander, parce qu'il doit suivre la marche adoptée dans notre *Résumé*, et contenir en outre des exercices sur des formules, ayant le même but que celles que je vous ai fait étudier.

FIN.

www.ingramcontent.com/pod-product-compliance
Ingram Content Group UK Ltd.
Pitfield, Milton Keynes, MK11 3LW, UK
UKHW021112260726
13994UKWH00002B/852